本书系2019年高等学校青创人才引育计划项目"旅游业投资风险与管理创新团队"（批准号95）、教育部人文社会科学研究项目"数字经济驱动中小微企业高质量发展内在机理与实现路径研究"（批准号21YJC790081）的阶段性研究成果

数字文旅创新
与民营经济
高质量发展研究

王慧 梁薇 吕臣 ◎ 著

中国财经出版传媒集团

经济科学出版社
Economic Science Press

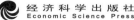

图书在版编目（CIP）数据

数字文旅创新与民营经济高质量发展研究/王慧，
梁薇，吕臣著 . -- 北京：经济科学出版社，2022.9
ISBN 978 - 7 - 5218 - 3980 - 7

Ⅰ.①数…　Ⅱ.①王…②梁…②吕…　Ⅲ.①数字技
术 - 应用 - 民营经济 - 旅游业发展 - 研究 - 中国　Ⅳ.
①F592. 3 - 39

中国版本图书馆 CIP 数据核字（2022）第 159823 号

责任编辑：周国强
责任校对：王苗苗
责任印制：张佳裕

数字文旅创新与民营经济高质量发展研究

王　慧　梁　薇　吕　臣　著

经济科学出版社出版、发行　新华书店经销
社址：北京市海淀区阜成路甲 28 号　邮编：100142
总编部电话：010 - 88191217　发行部电话：010 - 88191522
网址：www. esp. com. cn
电子邮箱：esp@ esp. com. cn
天猫网店：经济科学出版社旗舰店
网址：http://jjkxcbs. tmall. com
固安华明印业有限公司印装
710 × 1000　16 开　14.75 印张　210000 字
2022 年 9 月第 1 版　2022 年 9 月第 1 次印刷
ISBN 978 - 7 - 5218 - 3980 - 7　定价：88.00 元
（图书出现印装问题，本社负责调换。电话：010 - 88191510）
（版权所有　侵权必究　打击盗版　举报热线：010 - 88191661
QQ：2242791300　营销中心电话：010 - 88191537
电子邮箱：dbts@ esp. com. cn）

前　　言

本书系 2019 年高等学校青创人才引育计划项目"旅游业投资风险与管理创新团队"（批准号 95）、教育部人文社会科学研究项目"数字经济驱动中小微企业高质量发展内在机理与实现路径研究"（批准号 21YJC790081）阶段性研究成果。

本书聚焦"十四五"文旅融合等重大问题，服务国家战略，通过精心研究与深入实际调查，撰写了具有基础性、前瞻性和针对性的理论、方法、实证分析与对策建议，旨在为中国数字文旅创新与民营经济高质量发展提供智力支持。

本书正文由八章内容组成。第一章是共生理论嵌入乡村旅游生态系统创新研究；第二章是数字文旅融合在线旅游实践研究；第三、四章分别以泰安和丽江为例展开了数字文旅融合实践研究；第五章是数字文旅融合比较研究；第六章是数字经济助力中小企业融合路径研究；第七章是数字经济助力中小企业深度融合机制研究；第八章是数字金融助力民营经济高质量发展研究。

本报告主要由王慧、梁薇、吕臣等负责，王慧、吕臣负责全书的设计、组织与统撰工作。具体参加本报告撰写的成员有（以章节为序）：第一章，彭淑贞、吕臣；第二章，吴传梅、王昶、吕臣；第三章，周甜甜、吕臣、梁薇；第四章，腾宇、吕臣；第五章，王慧、王兴起、谢芳、司文娟；第六章，王慧、吕臣、张立柱、李秀、司文娟；第七章，王慧、吕臣；第八章，王慧、李秀、吕臣、王兴起。王慧、梁薇、吕臣等同志对全书初稿进行了组织编辑。

本书在研究和撰写过程中，一直得到山东省教育厅、泰山学院等有关部门与领导的指导与关怀，使得本书内容翔实、数据准确、资料丰富，特别是得到 2019 年高等学校青创人才引育计划项目"旅游业投资风险与管理创新团队"（批准号 95）的资助，在此一并表示诚挚的感谢！

尽管参加撰写本书的专家、学者以及实际部门的工作者都对自己撰写的内容进行了专门的调查研究，但由于面临许多新问题，加之时间紧、水平有限，因此，本书难免存在不妥之处，敬请各位读者批评指正。

王 慧 梁 薇 吕 臣

2022 年 7 月于泰山

目　录

第一章

共生理论嵌入乡村旅游
生态系统创新研究

　　如何实现乡村旅游生态系统创新一直是乡村旅游扶贫理论研究和实践探索的双重难题。共生理论嵌入成为巩固相关脱贫成果实现新时代乡村振兴的主要途径之一。但现有研究对"共生理论是如何嵌入，以及怎样影响乡村旅游生态系统创新"等问题仍然知之甚少。本章主要从供给和需求两个共生单元，基于对乡村旅游生态系统创新的调查问卷分析，刻画了共生理论嵌入乡村旅游生态系统创新机理，回答了"共生理论是如何嵌入，以及怎样影响乡村旅游生态系统创新"相关议题。这是一个新的视角，是对共生理论以及生态系统创新机制的一个延伸与提升，解释了共生理论嵌入理论，揭示了供给、需求共生嵌入乡村旅游生态系统创新的过程黑箱，回答了供需共生与乡村旅游生态系统创新相互循环促进的复杂嵌入机理，为相关研究议题提供了结构性理论假设。研究发现，政府精准供给、旅游企业精准供给、非政府组织精准供给、乡村贫困人口精准选择、服务质量、安全与行程策划、文化与生活习惯差异等对乡村旅游生态系统创新具有显著正相关性。交通导致时间成本、信息缺失与欺诈行为程度、价格欺骗等对乡村旅游生态系统创新具有显著负相关性。为此，基于供给"精准"与需求"扶需"两个共生视角，笔者提出，强化生态基础，创新生态机制，提升生态系统共生环境；优化生态布局、加强生态合作，构建生态系统共生模式；突出生态特色、整合生态资源、完善生态系统共生要素等策略优化乡村旅游生态系统创新机制。

第一节 引　言

如何实现乡村旅游生态系统创新一直是乡村旅游扶贫理论研究和实践探索的双重难题。近年来，国内外提出通过发展乡村旅游来解决这一世界性难题。国际上具有代表性的有"消除贫困的可持续旅游"（sustainable tourismasan effective tool for eliminating poverty），即 ST-EP 模式（Sofield，2004）与"面向贫困人口的旅游"（pro-poor tourism），即 PPT 模式（Zhang，Chong & Ap，1999）。20 世纪 80 年代，我国提出旅游扶贫作为一种贫困地区脱贫致富方式并付诸实践。2021 年 2 月 25 日，我国脱贫攻坚战取得了全面胜利，完成了消除，绝对贫困的艰巨任务。作为乡村旅游生态系统创新模式，共生理论嵌入乡村旅游生态系统创新成为未来发展的"牛鼻子"，关系到乡村振兴的实现，关系到 2035 年农业农村现代化基本实现，关系到 2050 年我国乡村全面振兴，农业强、农村美、农民富全面实现的战略目标。但是，仍存在以下三个问题没有精准解答：

问题1：目前乡村旅游生态系统创新实施效果如何？

问题2：在乡村旅游生态系统创新中具体是什么因素影响了政策实施效果？

问题3：乡村旅游生态系统创新中仅仅从供给侧的角度进行扶贫，在需求侧是否"扶需"？

这三个问题成为当前乡村旅游生态系统创新研究的重点与难点问题。首先，从中国实践来看，乡村旅游贫困人口没有具体细分，大多数贫困人口没有包括在当地旅游发展项目之中；乡村旅游扶贫实施效果不佳影响乡村旅游生态系统创新。其次，在中国乡村旅游生态系统中，精准掌握当前制约乡村旅游生态系统的关键制约因素，有利于科学的评价政策实施效果。精准掌握乡村旅游生态系统创新中政策实施效果的具体影响因素能够促进政策实施效果，使得乡村旅游生态系统更加"绿色"更加"生态"。最后，当前研究的主题基本上仅仅是生活在农村的比较贫困的居民，而不是生活在城市、具有乡村旅游消费的旅游需求者。旅游需求者是真正实现乡村旅游生态系统创新的"载体"，关系到乡村旅游扶贫战略的实现。因此，从需求者的诉求视角，基于共生理论，展开乡村旅游生态系统创新具有重大实践意义。

第二节　相关文献综述与理论假设

一、文献综述

如何巩固脱贫攻坚成果，学术界众说纷纭，没有一个理论界公认的、十分明确的定义。谭芳、黄林华（2000）和郭清霞（2003）等将旅游扶贫条件界定为：第一，贫困地区具有丰富的旅游资源；第二，通过旅游业开发实现该地区贫困人口脱贫。20 世纪 90 年代以来，关于旅游扶贫的研究主要集中在政府在旅游扶贫中的作用、特定地区旅游扶贫、旅游扶贫途径与模式、旅游扶贫受惠人群与负面影响、旅游扶贫经济效应及存在问题与对策等。巩固拓展脱贫攻坚成果研究主要集中在现实问题、影响因素和机制路径等方面。

（一）旅游扶贫模式研究

乡村旅游扶贫战略实施中政府角色是政策制定者、资金来源者、市场营销推广者、经营者、协调者等（Zhang，1999）。政策外溢性使得旅游贫困地区及部分贫困人口没有享受到旅游扶贫创造的就业机会。政府通过决策、扶持、引导、立法等手段给予当地贫困居民、旅游企业等公平、公正、公开的发展环境与监督机制（郭清霞，2003；曹新向、丁圣彦，2003）。更多专家学者认为乡村旅游扶贫应采取政府主导型战略模式（杨国靖，2003；郭清霞，2003；赵小芸，2004）。以四川马边彝族自治县为例，张晓等（2018）提出旅游扶贫多主体参与模式。以伏牛山重渡沟景区为例，李瑞等（2012）分析了山岳型旅游景区扶贫模式。崔丹等（2019）提出政府扶持、农旅互助的"立体化"旅游扶贫模式。银马华等（2018）提出政企合作、战略联合、休闲农业及区域联动的旅游扶贫模式。基于 PPT 模式，王孔敬（2015）提出旅游业适度超前开发模式。李佳等（2021）、黄国庆（2013）等提出政府主导型旅游扶贫扶贫模式。关于旅游扶贫模式的研究，不同专家学者从不同角度展开研究，研究视角不断拓展，扶贫模式不断丰富，但现有模式过于宏观，而且不同地区出现雷同现象，没有根据地区差异展开具体性研究。

（二）旅游扶贫效果研究

旅游扶贫效果研究主要集中在旅游扶贫可行性分析、发展路径、经验总结及对该地区经济发展推动作用等。周歆红（2002）认为旅游扶贫对象是具有一定资源的贫困地区的贫困人口。通过"乡村旅游 + 生活日用品"、生态、民族文化、边境旅游、PPT 模式等途径实现旅游扶贫（肖建红、肖江南，2014）。周锦等（2021）认为通过文化融合、农旅融合可以提升旅游扶贫效应。李佳等（2020）研究了居民旅游扶贫效应的感知与参与行为。乌小花等（2016）认为社会结构因素是本地民族就业障碍的主要因素之一。孙春雷、张明善（2018）研究了精准扶贫背景下旅游扶贫效率。赵小芸（2004）认为旅游投资对西部地区经济增长具有显著正效应。阳国亮（2000）认为贫困地区边际消费倾向越大，旅游扶贫经济效益越显著。肖旭等（Xiao et al.，2022）认为通过当地居民参与途径能够提升乡村旅游扶贫效应；由于与当地居民建立关系时间比较短（Jim & Xu，2002），当地社区与旅游经营者二者都受益才能实现乡村旅游扶贫战略可持续性（Stone & Wall，2004）。同时，旅游扶贫也为当地带来耕地流失、传统消亡（粟娟，2009），以及文化遗产破坏、真实文化失忆等社会文化方面的负面影响（Nicholson & Mills，2017；王珺，2013）。从目前的研究看，专家学者专注于旅游扶贫可行性分析等，但乡村旅游精准扶贫只是泛泛而谈，没有从需求或者供给角度展开深入研究。

（三）巩固拓展脱贫攻坚成果研究

在现实问题方面，主要包括针对返贫风险因素复杂、集中连片贫困地区脱贫人口抗风险能力不强、产业可持续性不强、公共服务水平较低、乡村治理落后等问题，提出守住不发生规模性返贫底线目标巩固减贫成效；持续缩小居民收入差距、实现共同富裕拓展持续增收机制；提升城乡公共服务均等化水平，巩固基础设施和公共服务成果；提升县域发展和基层治理水平，推进制度成果；创新改革，把脱贫攻坚的精神和价值成果拓展到农村改革和国家治理领域（张琦、万君，2022）。基于公共政策与有效衔接乡村振兴战略，程国强、邓秀新（2021）从构建农村低收入人口识别机制、实施扶贫产业提质增效工程、提升乡村治理能力、实施乡村名医堂工程、加强农村饮水质量安全保障等方面提出巩固拓展脱贫攻坚成果的政策建议。部分偏僻地区还面临生态产品价值实现、产品价值转化等现实问题（董玮、秦国伟、于法稳，2021），并从产业、生态、文化、治理、"双基"建设等政策维度提出脱贫攻坚和乡村振兴有效衔接的公共政策调适路径。

在影响因素方面，主要包括脱贫户自身因素和外在因素方面，就脱贫户自身而言，主要包括受教育程度、劳动力、耕地面积、人均收入等（周伍阳，2021）。自然、社会和经济等外部风险因素也是影响巩固拓展脱贫攻坚成果的重要因素（田露露、韩超，2021），包括产业要素活力不足、产业基础薄弱等（涂圣伟，2020），部分原深度贫困地区政策性脱贫、易地扶贫搬迁脱贫占比较大（杜婵、张克俊，2021）等。

在机制路径方面，研究重点在于确保脱贫人口脱贫稳定性。邢成举、李小云和史凯（2021）提出农村低收入群体帮扶机制；齐美虎、王涵和徐杰（2021）提出"未贫先防、即贫即脱、脱贫防复"的系统性防贫保障机制；程惠霞（2021）提出"保障型扶持型发展型"为一体的金融保障机制、政策保障机制等；左停、李颖和李世雄（2021）基于衔接乡村振兴视角，提出以乡村振兴为目标的巩固拓展脱贫攻坚成果的"六位一体"路径体系；王介勇、戴纯和刘正佳等（2020）从"产业振兴、文化振兴、生态振兴、人才振兴、组织振兴"五个角度衔接框架构建，形成集理论、路径、体系、政策于一体的衔接内容体系。

（四）旅游共生理论研究

刘家明（2000）、姚频（2000）、张宁生（2004）等在探讨不同类型旅游开发中提到"共生"一词。钟俊（2001）开创了旅游共生理论基础的探讨。曹华盛（2002）首次将共生理论与旅游业实际结合起来，从旅游业共生单元与共生系统视角展开研究。严志铭等（2002）研究了文化和旅游的共生关系；宋瑞（2003）提出了协调的共生系统有助于旅游业发展；胡丽芳（2003）提出边界与区间共生资源的概念，将旅游共生理论向微观层面进行深入研究。朱晶晶等（2007）提出了旅游开发与保护的"共生型"旅游发展模式；肖海平等（2010）基于旅游资源联动开发共生模式，开启了区域旅游的共生模式研究；王凯（2004）首次提出旅游"边界共生"概念。许辉春（2012）将共生理论引入旅游产业集群研究中；李岚（2014）提出共生型旅游休闲产业集群的概念；周慧玲、许春晓（2015）基于旅游企业视角构建了旅游企业共生系统。

基于以上分析，乡村旅游生态系统创新研究中，大多把旅游需求者排除在识别主体与目标人群识别主体之外，仅把其作为购买和消费当地贫困人口提供的土特产品、手工艺品等纯粹消费者。根据马克思交换理论，产品及服务只有经过市场交换才能实现其价值与使用价值。旅游需求者是乡村旅游生态系统创新成功与否的最终决定者。当前理论研究与实践忽视了作为商品与服务消费者的旅游者是乡村旅游生态系统创新中的重要一员。政府、旅游企业等供给者根据主观判断实现旅游项目供给，未能了解旅游需求者的真正诉求。因此，从旅游需求者角度，针对当前旅游需求者真正诉求减少实现诉求障碍，对旅游需求者进行扶持，即"扶需"创新。

二、理论假设

共生理论最早出现在生物学领域，由德国生物学家德贝里（Anton de Bary）于1879年提出，是指相互性的活体营养性地联系在一起。共生理论将共生单元、共生模式和共生环境囊括在共生三要素中，基础共生单元、条件共生环境、关键共生模式构建了共生理论模型与研究体系（胡晓鹏，2008）。随后逐渐拓展到哲学、经济学等社会科学领域（萧灼基，2002）。经济学视角下共生特指经济主体之间连续性的物质联系，表现为共生单元之间在一定共生环境中按照某种共生模式形成的共生关系（袁纯清，1998）。旅游产业及其相关产业互相依存、互利共生等发展趋势符合共生理论基本范畴。

部分专家学者开始将共生理论应用于旅游业。1984 年，斯特林格和皮尔斯等（Stringer & Pearce，1984）首次将共生理论引入旅游业研究中。随后，共生理论被广泛引入区域旅游竞合发展、旅游资源开发与保护、旅游产业集群等方面研究中。

苏章全、李庆雷和明庆忠（2010）将共生理论分别应用到闽台、滇西北旅游区域竞合中。冯淑华（2013）用共生理论确立了古村落共生单元，构建了古村落共生系统。旅游共生是指基于旅游业大市场环境的生态系统中，基于整个生态系统中各个子系统多方或双方共享利益、互惠互利基础上，各个旅游利益相关者之间相互促进、共同发展，通过共享利益与共担义务，构筑一个统一、和谐、共同发展的利益共同体，获得生态系统的整体的最大利益。

依据以上分析，基于旅游生态系统的价值共创行为、协调机制、影响因素等共生理论嵌入乡村旅游生态系统创新机理，作为乡村旅游需求者的城市旅游者与作为乡村旅游的供给者（包括政府、旅游企业、非政府组织、贫困人口等）之间的共生关系已成为不争的事实。作为供需双方大范畴内存在着这种"生命互换"关系，构建了包括共生主体、共生纽带、共生机制和共生环境的相互依存的组织结构与生态系统（吕臣、林汉川、王玉燕，2015）。如图 1-1 所示。

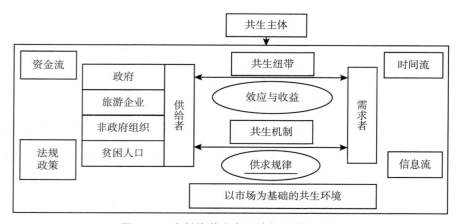

图 1-1 乡村旅游生态系统创新共生运行

（一）共生主体

共生主体，即共生单元。旅游业是以旅游基本资源要素为基础的旅游共生单元。作为综合性产业的旅游业，以旅游资源为结点，各个结点间相互存在多元化、网络化的错综复杂的生态资源网络体系。旅游业共生单元在特定旅游区域内共生，各个单元是集旅游生态系统中逻辑起点与终点于一身的演进过程与发展动力。本书将旅游业生态系统中各个单元中核心利益相关者界定为旅游共生主体，特指整个生态系统中相互依赖与相互制约并存的众多主体中的其中两个，即乡村旅游供给者（包括政府、旅游企业、非政府组织、贫困人口）是集乡村旅游提供者与资金需求者于一身、城市旅游需求者集消费过程中旅游需求者与在乡村旅游"消费"过程中对乡村旅游生态系统创新中的资金提供者于一身的共生主体之一。

（二）共生纽带

食物链与食物网构成了生态系统中的共生纽带。基于共同创新目标和环境的共生纽带，共生理论嵌入旅游业创新生态系统中，各创新主体在资源创新、利润和价值创造等方面在实现各个单元获得独立利益的同时，共同维持整个旅游业生态系统的可持续发展，实现共赢的一系列生态创新行为。共生理论嵌入旅游业创新生态系统在技术、信息、资金、人力资源等方面进行技术创新整合，综合各个单元资源优势。旅游企业具有创新人才、技术创新、科研设备等共生优势，政府旅游部门通过政策支持提供政策环境与保障系统，旅游景区提供资金等共生资源，旅游社区提供旅游环境等社会支持，旅游者作为旅游消费者提供旅游生态系统产业链的最终实现者。乡村旅游产品与旅游服务成为乡村旅游生态系统创新机理中的共生纽带载体。乡村旅游供给者通过市场供求规律这个中介连接了乡村旅游需求者。这些核心利益相关者通过资金来回移动的效益与收益实现目标函数一致，共同构成共生理论嵌入旅游业生态系统创新的共生纽带。

（三）共生机制

维持生态系统在各个生物链上长期共生构成了生态系统的共生机制。对称性互惠互利共生是共生生态系统可持续发展的基础，其目标函数一致是生物界与人类社会有效进化的根本法则。旅游业共生生态系统的共生机制需要旅游经济、人类社会、生态环境等多元层面的共生互动，从共生单元、共生环境、共生界面、共生模式、共生能量等全方位地构建旅游业共生生态机制。具体的旅游业创新生态系统共生机制由两部分组成：一是整体层面共生机制，指核心旅游企业、旅游合作伙伴企业和政府旅游相关部门之间合作行为的相互协调。整体层面共生机制有效共生促进整个旅游业创新生态系统创新成本降低、创新管理完善和创新效率与创新绩效提高。二是个体层面共生机制，指核心旅游企业、旅游合作伙伴企业和政府旅游相关部门各参与主体内部行为的协调。个体层面共生机制促进创新资源合理配置与无缝衔接，加强信息完全交流与知识共享，实现旅游业技术平台的无缝共生。

当前，乡村旅游供给者最稀缺的是需求者对旅游的需求，乡村旅游者最富有的是对乡村旅游的需求，根据资源禀赋理论，二者进行交换，如何使二者进行合理、良性、有序、共赢的相互依存相互发展构成了二者之间的共生机制，即如何搭建共生机制平台平衡于乡村旅游供给者与需求者，以保持二者之间长期稳定和谐共赢的共生关系。

（四）共生环境

生态环境是生态系统的生物群落赖以生存的基础。供给与需求具有统一性和同构性。供给与需求形成一个生态系统，构成一个生命共同体。乡村旅游产品既不能游离于旅游消费者消费需求之外，又不能脱离旅游消费者消费需求而独立存在，坚持产品供给与需求的和谐共生。维持乡村旅游供给者与城市旅游需求者长期、稳定、持续、良性共生发展的一切环境因素构成了二者共生环境。政府通过公共资源搭建二者之间的资金流、信息流等沟通平台，信用评估系统建设、管理、法规政策制定、执行与监督等。以市场经济为基础，形成乡村旅游供给者与城市旅游需求者竞争与合作的良性可持续发展的共赢局面。

基于共生主体、共生纽带、共生机制、共生环境四个共生理论要素分析，乡村旅游供给者与城市旅游需求者竞争完全符合共生理论基本范畴，需要从乡村旅游产品和旅游服务的共生双方进行乡村旅游生态系统创新，基于供给侧与需求侧两个角度实施乡村旅游生态系统创新实施效果的测定。

第三节　模型设计与实证研究

一、样本描述

本研究所采用的调查问卷以中国地质大学（武汉）经管学院所制的《关于旅游精准扶贫调研的调查问卷》为基础，通过进一步修改，以适应本研究需求。2017 年 1~8 月课题组到北京、上海、广州、山东、江苏、浙江、云南、广西等 8 个省份进行实地调研，获得问卷 372 份，剔除部分有问题的调查问卷，剩余有效问卷 260 份，有效率为 69.9%。涉及乡村旅游生态系统创新实施的政府部门、相关企业、相关地区、相关乡村贫困人口及对旅游消费者等利益相关者，对当前乡村旅游生态系统创新实施效果影响具有重要的现实意义与理论价值。

二、变量选取与定义

根据理论综述，政府、旅游企业、非政府组织、乡村贫困人口、旅游需求者等对乡村旅游生态系统创新具有相关性。多位专家学者研究认为时间、交通、安全、信息对称、价格欺骗等因素对乡村旅游生态系统创新有显著影响，故将其设置为自变量。本研究参考徐细雄、刘星（2013）提出的计量模型作为参考，设置二元哑变量，以政策实施效果（PIE）为被解释变量，在原模型基础上，加入了地区（AREA）这个控制变量，通过多元回归模型进行实证研究。变量中，乡村旅游生态系统创新政策实施效果好赋值为"1"，效果不好赋值为"0"（见表1-1）。

表1-1　　　　　　　　　　　　相关变量界定与赋值

	变量	含义	赋值
被解释变量	政策实施效果（PIE）	政策实施"好与不好"问题	"好"="1"，"不好"="0"
解释变量	政府精准供给（GFS）	项目、地区、人群、旅游企业、交通"五精"创新程度	赋值1~5，越高越好
	旅游企业精准供给（AST）	政府、旅游企业目标函数一致程度	赋值1~5，越高越好
	非政府组织精准供给（ASNG）	非政府组织参与精准扶贫战略程度	赋值1~5，越高越好
	乡村贫困人口精准选择（ASPP）	贫困人口、参与方式、参与程度与能力等精准供给创新程度	赋值1~5，越高越好
	扶持缩短旅游交通时间（TI）	出发到目的地用在交通时间长短程度	赋值1~5，越低越好
	服务质量（SQ）	服务于旅游消费者质量程度	赋值1~5，越高越好

续表

变量		含义	赋值
解释变量	安全、行程策划（SIP）	接受旅游服务过程中存在安全、行程策划适当	赋值 1~5，越高越好
	信息缺失与欺诈行为程度（ILAF）	在接受旅游服务过程中存在信息缺失与欺诈行为程度	赋值 1~5，越低越好
	文化与生活习惯差异（DCAL）	旅游服务过程中存在文化与生活习惯差异程度	赋值 1~5，越高越好
	价格欺骗（PD）	旅游服务存在价格欺骗程度	赋值 1~5，越低越好
控制变量	地区（AREA）	一线城市、二线城市等	数值

三、模型构建

建立 Logistic 计量模型：

$$\log[\,PIE/(1-PIE)\,] = \beta + \beta_1 GFS + \beta_2 AST + \beta_3 ASNG + \beta_4 ASPP + \beta_5 TI$$
$$+ \beta_6 SQ + \beta_7 SIP + \beta_8 ILAF + \beta_9 DCAL + \beta_{10} PD$$
$$+ Control\ variables + \varepsilon$$

式中，PIE 为因变量，解释变量为 GFS、AST、ASNG 等。Control variables 变量为计量模型中控制变量，为地区。

四、实证结果

（一）描述性统计与相关性分析

表 1-2 列示了变量的描述性统计结果。本研究的 GFS、AST、ASNG、ASPP、SQ、SIP 等变量均值都在 4 左右，说明其数字越大政策实施效果越好，与现实情况正好相符；TI、ILAF、PD 等变量均值在 2 左右，说明其数字越小

政策实施效果越好，符合当前现实情况。

表1-2 变量描述性统计结果（样本量为260）

变量	均值	中值	最大值	最小值
PIE	0.50	0.50	1.00	0.00
GFS	4.35	4.00	5.00	1.00
AST	4.37	4.00	5.00	1.00
ASNG	3.85	3.00	5.00	1.00
ASPP	3.71	3.00	5.00	1.00
TI	1.99	2.00	5.00	1.00
SQ	4.12	4.00	5.00	1.00
SIP	3.43	3.00	5.00	1.00
ILAF	1.02	2.00	5.00	1.00
DCAL	2.13	2.00	5.00	1.00
PD	2.10	2.00	5.00	1.00
AREA	1.22	1.00	2.00	1.00

表1-3列举了变量之间的 Pearson 相关系数。结果表明，AST 等变量与 PIE 相关关系显著。GFS、AST、ASNG、ASPP、SQ、SIP、DCAL、AREA 等变量相关系数显著，均为正数，说明这几个相关变量数字越大，政策实施效果（PIE）就越好；TI、ILAF、PD 等变量相关系数显著，均为负数，说明这几个变量数字越小，政策实施效果（PIE）就越好。由于相关系数仅仅可以考察两个变量之间的相关关系，故需要通过多元回归模型分析进一步检验。

表1-3

变量 Pearson 相关系数检验结果

变量	PIE	GFS	AST	ASNG	ASPP	TI	SQ	SIP	ILAF	DCAL	PD	AREA
PIE	1.00	—	—	—	—	—	—	—	—	—	—	—
GFS	0.86**	1.00	—	—	—	—	—	—	—	—	—	—
AST	0.71	0.21*	1.00	—	—	—	—	—	—	—	—	—
ASNG	0.62	0.41**	0.40***	1.00	—	—	—	—	—	—	—	—
ASPP	0.86**	-0.25	0.45**	0.38***	1.00	—	—	—	—	—	—	—
TI	-0.88**	-0.47**	-0.61**	-0.29*	-0.37*	1.00	—	—	—	—	—	—
SQ	0.70*	0.57*	-0.22*	0.13***	-0.45**	0.07	1.00	—	—	—	—	—
SIP	0.91**	0.04*	0.30	0.12**	0.19*	0.38*	0.36	1.00	—	—	—	—
ILAF	-0.69	0.32	-0.04***	-0.17**	0.07**	-0.35**	-0.22*	-0.43	1.00	—	—	—
DCAL	0.81**	0.29*	0.17	0.25***	0.12	-0.40***	-0.03*	0.65*	0.49**	1.00	—	—
PD	-0.83**	-0.06*	0.30*	-0.01	0.49**	-0.51**	0.29**	-0.54**	-0.22**	0.37***	1.00	—
AREA	0.72*	0.23	0.42**	0.21**	0.47**	0.19**	0.46**	0.07	0.02*	0.05**	0.48*	1.00

注：***、**、*分别表示在1%、5%和10%的显著性水平显著。

（二）回归分析

基于上述实验设计，本文得出相关数据，展开实证研究，得到有效的研究结果。本书课题组分别从供给者效应、需求者效应、全效应三个视角，将相关变量加入模型，最终形成模型（1）、模型（2）、模型（3）。通过STA-TA14对所有有效样本进行Logistic回归分析（见表1-4）。

表1-4　　　　　　　　　　　Logistic 回归分析

变量	模型（1）	模型（2）	模型（3）
GFS	1.24E-04 ***	—	7.70E-06 ***
AST	0.032	—	0.443 ***
ASNG	0.004 *	—	0.009
ASPP	0.003 ***	—	0.330 ***
TI	-0.897 **	—	-0.546 **
SQ	—	1.231 **	1.389 ***
SIP	—	1.242 **	1.830 ***
ILAF	—	-1.32E-08 ***	-7.68E-07 ***
DCAL	—	0.645	0.231 ***
PD	—	-2.29E-02 ***	-7.82E-09 ***
常数项	10.83 *** (11.23)	13.49 *** (12.52)	6.49 *** (4.37)
F 值	30.49 ***	25.48 ***	15.07 ***
R^2	0.112	0.165	0.199

注：***、**、*分别表示在1%、5%和10%的显著性水平显著。

回归结果显示：政府精准供给、旅游企业精准供给、非政府组织精准供给、乡村贫困人口精准选择、服务质量、安全与行程策划、文化与生活习惯差异等对乡村旅游生态系统创新具有显著正相关性。交通导致时间成本、信息缺失与欺诈行为程度、价格欺骗等对乡村旅游生态系统创新具有显著负相关性。这与当前现实状况基本一致。

以泰安某国家级乡村扶贫项目为例，该项目在政府精准供给、旅游企业精准供给等方面给予高度支持，提升了乡村旅游扶贫政策有效实施，与模型回归结果一致。该项目所在地距离附近的泰安城区 2.5 个小时，距离济南市区 5 个小时，加上堵车等各自加上 2 ~ 3 个小时，以及一定信息缺失等因素导致该项目有效实施。总的来看，该项目从实施到现在基本符合该模型的回归结果。所以，与大样本研究结果一致，该模型有效。

第四节 共生理论嵌入乡村旅游生态系统创新的主要研究结论与启示

一、主要研究结论

对比原有研究，本研究主要从供给和需求两个共生单元，基于对乡村旅游生态系统创新的调查问卷分析，刻画了共生理论嵌入乡村旅游生态系统创新机理，回答了"共生理论是如何嵌入，以及怎样影响乡村旅游生态系统创新"相关议题。这是一个新的视角，是对共生理论以及生态系统创新机制的一个延伸与提升。研究发现：

（一）乡村旅游生态系统创新供给需"精"

根据核心利益相关者理论与乡村旅游生态系统创新主体理论，乡村旅游生态系统应向精准转变，从政府、旅游企业、非政府组织、乡村贫困人口等供给者角度实施"精供"战略。政府在乡村旅游生态系统创新中扮演着重要角色，主要体现在资金提供、项目规划审批、扶贫发展基金、基础设施建设、改善贫困地区旅游发展环境、开展贫困人口技能培训、制定与规范旅游行为等。这在一定程度上弥补了市场不足，实现精准扶贫项目、扶贫地区、扶贫人群、旅游企业、扶贫交通的"五精"模式创新，提升了乡村旅游生态系统创新实施效果。

（二）乡村旅游生态系统创新需求"扶需"

目前的研究把旅游需求者排除在乡村旅游生态系统创新项目识别主体与目标人群识别主体之外，大多忽视了作为商品与服务消费者的旅游者是乡村旅游生态系统创新的重要一员。旅游者是乡村旅游生态系统创新成功与否的最终决定者，需要"扶贫"。交通导致的时间成本给城市旅游消费者带来困境。特别是一线城市，交通造成的时间成本成为制约乡村旅游生态系统创新机理的"牛鼻子"。以北京、上海为例，北京、上海拥堵延时指数分别为2.10与2.16，平均堵车时长分别为32分钟与15.73分钟，高峰时分别为41分钟与28分钟，平均车速分别为22.61公里/小时与39.41公里/小时。服务质量、安全与行程策划、信息缺失与欺诈行为程度、文化与生活习惯差异、价格合理公平公开等是当前乡村旅游生态系统创新关键诉求。为此，从消费者角度实施乡村旅游生态系统创新"扶需"战略显得至关重要。

二、实践启示

（一）强化生态基础、创新生态机制，提升生态系统共生环境

乡村旅游生态系统创新涉及社会、经济、文化、自然环境、技术等，以供给与需求市场规律为前提，在强化生态基础上创新机制，提升生态系统共生环境。共生环境既包括区位因素、自然资源、基础设施等有形的环境，也

包括体制机制、营销策划、人才保障等无形的环境。因此，笔者建议：

（1）建立健全乡村旅游生态系统创新管理体制。目前我国乡村旅游生态系统创新管理机构重叠、管理区域性较强，多头管理现象频繁发生，严重制约了乡村旅游生态系统创新，应健全乡村旅游生态系统创新相关法律法规与奖惩机制，从项目规划、遴选、建设、管理等到乡村旅游核心利益相关者的界定、识别、效果评估等全过程创新生态系统。改革乡村旅游助力乡村振兴战略实现的考核方式，实行旅游政绩考核的乡村旅游生态系统创新奖惩机制。

（2）建立健全多元化主体协调监管机制。首先，制定一套相对完善的利益协调监管制度，成立乡村旅游生态系统创新部门，赋予其一定权力，主要职责为协调乡村旅游生态系统创新涉及的各个部门，明确各参与主体角色定位，形成一个多元化合作的组织系统，加强对多元化利益主体的协调与监管。其次，加强多元化主体之间的信任与交流，在资源、利益、发展等共享基础上形成高度合作协调统一的共生体。最后，实施动态监管过程，建立健全动态监控机制。实施创新动态进入机制与退出机制，确保乡村旅游生态系统创新，真正实现乡村振兴。从乡村振兴项目前期论证到后期实施效果评估，从项目专项资金分配、管理、使用到审计等真正做到"专款专用"的全过程动态监控，基于共生理论，在乡村旅游助力乡村振兴战略实现过程中加强生态环境保护，加强旅游企业集团权力寻租等不良行为的动态监控。

（二）优化生态布局、加强生态合作，构建生态系统共生模式

乡村旅游生态系统创新需要从供给与需求两个共生单元，以市场主导为共生界面进行优化生态布局，构建乡村旅游生态系统共生模式。乡村旅游生态系统创新实施从项目到社区全过程的四"精供"创新。首先，项目"精供"。精准掌握新时期乡村旅游助力乡村振兴实现的特有资源，精准供给乡村旅游助力乡村振兴战略实现的旅游绿色项目、可持续项目，实施乡村旅游绿色政绩绩效管理。其次，乡村旅游企业集团"精供"。强化乡村旅游助力

乡村振兴战略实现相关主体，即乡村旅游企业集团社会责任，真正实现乡村旅游生态系统创新目标函数需求。再次，乡村旅游助力乡村振兴战略实现受益者的"精供"。从资金、物质、教育培训、提供就业机会等有效途径强化乡村旅游助力乡村振兴战略实现受益者的"精供"创新。最后，乡村旅游助力乡村振兴战略实现社区"精供"。引进高层次人才，更新现有社区基层组织观念，加强当地旅游合作社、旅游产业协会等民间组织的合作与扶持，提升社区公共服务体系与文化教育建设体系。

（三）突出生态特色、整合生态资源，完善生态系统共生要素

根据旅游资源特点和旅游市场需求，突出旅游资源比较优势，在交通、金融、财政、税收、资源等方面多管齐下，完善生态系统共生要素。首先，加强交通"扶需"创新。向精细高效大旅游格局转变，开通集群化流通专线，实现"集装箱式"旅游消费模式，破除旅游消费时间成本困境。其次，加强基础设施及配套服务设施建设，构建物流高速、信息高速、人流高速等现代化、信息化、时间化的乡村旅游生态系统创新机理的"三化"建设。改善政策环境，构建金融、财政、税收、政策等"四位一体"优惠支持体系。再次，实行弹性工作制，实施假期"扶需"。通过财政补贴加强城市人口周末去乡村贫困地区旅游市场，增加对乡村旅游供给。实施假期弹性制度，扩大乡村旅游生态系统创新有效市场。最后，创新多元化资金来源"精供扶需"共生机制。设置旅游扶贫专项资金，加大转移成本支付力度，创新资金整合机制，建立健全创新资金审计与监督机制；加大多元化财政支持，完善众筹监管法律与政策、运营平台、建立第三方资金保管、分配机制、深化众筹项目融资圈等；实施"因材施教"积极拓展国际资金来源，争取国际社会扶贫基金支持。

第二章

数字文旅融合在线旅游实践研究

第一节　在线旅游网络体验式
营销现存问题及对策

随着人们生活水平的提高和互联网的发展，信息化已成为一个全球趋势。进入 21 世纪以来，体验经济的发展速度目不暇接。信息交流网络化，在线旅游以优质服务、优惠价格、灵活旅游线路等优势日益凸显。截至 2013 年，在线旅游网站对网络体验式营销情有独钟。"去哪儿网"酒店试睡员、"途牛"体验师等，诸如此类"网络体验式营销"由于其"体验"因素融入使得产品增值。"体验"也因此成为新的价值源泉。网络体验式营销是一种为体验所驱动的全新的网络营销方式，通过为顾客创造美好的、值得回味的顾客体验，满足顾客精神需求，为顾客创造新的价值。营销环境演变、旅游行业竞争加剧、顾客行为变化更新了顾客价值的新内容，体验成为顾客价值的重要驱动因素，网络体验式营销作为新的价值营销模式展现。

旅游网站及时准确地将旅游主题与旅游信息进行更新，同时，准确地发布给不同的旅游消费者。旅游网站"推式"与"拉式"信息传递模式，是以"你听我说"的单向式方式将自己的信息强送到消费者面前。而消费者在众多旅游网站信息中想迅速有效地得到自己所需的真实信息，正是现代消费者的迫切需求。以"双向互动"为特征、以"真实可信"为基调的网络体验式营销应运而生，网络体验式营销成了既受企业青睐又受消费者欢迎的旅游网络营销新模式。网络口碑是信息时代下最有效的信息传播方式，网络体验式营销加强了网络口碑的真实性。旅游网站如何运用好网络体验式营销，对成长中的在线旅游行业和企业都有重要的意义。

一、网络体验式营销的界定

体验营销是指企业以消费者为中心，以满足消费者的心理和精神需求为出发点，以产品为道具，以服务为舞台，为创造出令消费者难以忘怀的体验所进行的一系列营销活动的总称。其核心是提供满足消费者体验需求的体验产品。网络营销是企业以现代营销理论为基础，利用互联网技术和功能，最大限度地满足客户需求，以开拓市场、增加盈利为目标的经营过程。网络营销是数字经济时代的一种崭新的营销理念和营销模式，是近年来众多营销理念的发展、凝练和升华，是促使企业开辟广阔市场、获取增值效益的马达，是连接传统营销，又引领和改造传统营销的一种可取形式和有效方法，是用信息化技术进行的营销活动，是提升企业核心竞争能力的一把"金钥匙"。

随着网络的普及，网络体验成为体验营销不可缺少的重要组成部分。网络体验式营销是一种营销方法，也是一种营销思想，属于营销模式创新。但是，并非所有旅游企业都适合开展网络体验式营销。旅游网站开展网络体验式营销，要充分结合自身所处的行业特性、企业特性、产品特性、市场竞争特性、消费者特性，结合网络体验式营销模式，对网站营销模式进行"三位一体"的创新和运用。本研究所界定的网络体验式营销指的是利用网络特性，为客户提供完善的网络体验，提高客户的满意度，与客户建立起紧密而持续的关系的营销方式。网络体验式营销是体验营销的延伸。

二、网络体验式营销导入在线旅游业的必要性分析

网络体验式营销的应用，加强了网络口碑信息的真实性及在线客户的信任度。旅游网站积极建立自身良性的网络口碑，以体验营销创造网络口碑，是口碑营销中极为成功的一种。顾客通过在线网站产品，通过人员和流程互动，加深在线旅游产品和服务的熟悉程度，提升质量，强化心理与在线旅游网站的亲近感与信任度，进一步满足顾客自身的个性化消费需求。

（一）旅客需求转变倒逼网络体验式营销兴起

在网络经济时代，消费者越来越依赖于搜索引擎提供的服务，人们已无时无刻不能没有"搜索"。人们已经习惯了旅游前上网搜索旅游目的地资料、自行设计旅游线路等旅行中经常会遇到的问题。随着体验经济时代的到来，旅游者的消费观念和消费方式已发生深刻的变化，主要体现在以下几点：

（1）从需求内容上看，消费者需要已经由大众化、千篇一律的旅游产品向个性化旅游产品转变。随着经济飞速发展与人们收入水平的提高，旅游消费者需求同质性趋于减少、弱化，异质性不断增强与扩大。人们越来越追求个性化的、与众不同的产品和服务。

（2）从需求结构上看，消费者需求已经由物质方面需求向情感体验需求转化。在旅游过程中旅游者不仅注重物质享受，更注重旅游中精神的愉悦与满足。消费者购买某种旅游商品，并不一定是为了某种生活需要，而是为了某种情感的满足。在辽阔的草原里畅游、散步、游乐、探奇等使旅游者回归大自然，产生心旷神怡的感觉，融旅游、娱乐于一体，有利于人的身心健康。

（3）从需求方式看，旅游者已经由单纯的旅游企业安排向积极主动参与旅游产品的设计和开发转变，呈现出更强的参与意识，进行参与性旅游项目，充分发挥个人潜能和个性化设计。旅游消费者主动提出自己的创意，包括对旅游产品、价格等要求，按照自身的生活理念和需求欲望设计适合于自己的旅游路线和旅游项目。旅游者选择家庭游、结伴游等形式的自助游，尤其是自驾游。随着电子商务的广泛运用，游客自行设计和定制旅游方案将越来越便捷，旅游企业正遭遇前所未有的个性化挑战。

（4）从价值取向看，旅游者已经由注重旅游结果向注重旅游经历转变。消费者不仅关心得到的是什么旅游产品，更加关心旅游产品如何得到、得到后获得怎样一种心情，即旅游决策前的信息搜索体验和旅游过程中的体验。随着交流方式的改变，网络体验式营销已经成为满足顾客旅游需求的潮流。

（二）体验的高顾客忠诚度利于在线旅游企业参与激烈的市场竞争

从当前的旅游市场情况看，体验性需求正逐步成为旅游需求的主流。体验性消费也逐渐向普通化、差异化、丰富性、人性化等方向发展。体验性营销已成为 21 世纪在线旅游发展的新潮流。体验营销观念的核心思想是设计体验，让消费者获得完美的体验，留下美好的回忆。体验营销观念在旅游业中的应用正是抓住了旅游的灵魂，把握住了游客旅游消费活动的本质追求。这对于在线旅游经营者来说，无疑是提供了一个新的发展视野，其营销理念也将发生变革。网络与旅游这种典型的体验活动相互促进，可以达到旅游营销的理想效果。在网络经济环境下，网络体验式营销成为营销新趋势有其必然性。网络体验式营销与传统的体验营销最大的区别在于体验媒介的不同。网络体验式营销的体验媒介是网络等电子媒体，而其他的体验媒介是通过沟通、产品呈现、人员、空间环境等来实现，网络体验式营销在视觉、语言标识、产品方面是以虚拟的形式呈现的。

（三）网络体验式营销迎合时代潮流

网络体验式营销是一个以消费者为主导的营销模式，强调生产者与消费者之间的双向互动过程。企业开展网络体验式营销，树立以消费者为核心的经营理念，满足日益个性化和多样化的消费需求，其优势主要表现在以下几个方面：

（1）为顾客提供更便捷的服务。网络购物方便省时，消费者只需轻轻点击鼠标就能完成从挑选产品到付款购物的全过程，购买的商品也会用物流送货的方式送到消费者手中。这对于消费者来说节省了大量的时间，省去了来回奔走的麻烦。

（2）以消费者为中心，满足客户的个性化需求。网络体验式营销以消费者为导向，依据消费的个性需求划分细分市场，网络数字化可帮助旅游网站建立强大的客户数据库，根据营销人员创建的特色化的销售信息，分析顾客偏好，为客户提供特色化的服务。

（3）提升品牌形象，提高顾客的忠诚度。体验可以提升客户的购买价值，网络环境下体验式营销的应用提升了客户的满意度与忠诚度。网络的互动式体验营销特征，满足了顾客与企业虚拟性"一对一"关系的真实性感知，加强这种关系，以此提高满意度和忠诚度。

（4）降低成本，充分满足顾客需求及企业需要。网络营销不受时间、地域限制，只要消费者有条件连接互联网，任何时间和地点都可以在线购买产品。网络营销为消费者创建了一个不涉及中间商的直销渠道，为企业节省了不必要的营销支出。在网络经济时代，如何更好地占据旅游网站市场，企业运用网络体验式营销是很有必要的。

三、我国旅游业网络体验式营销现存问题

中国互联网络信息中心（CNNIC）发布的第 49 次《中国互联网络发展状况统计报告》显示，截至 2021 年 12 月，我国网民规模达 10.32 亿，较 2020 年 12 月增长 4296 万，互联网普及率达 73.0%。然而，报告也提出，电子商务安全性仍是影响在线旅游发展的主要制约因素。中国旅游研究院调查显示，影响游客使用线上旅游公司服务的三大因素分别为：难以辨别网上信息的真伪、担心网上支付安全和对线上公司的信誉有疑惑。由于我国网络体验式旅游营销起步较晚，我国旅游业网络体验式营销还存在以下四个问题：

（一）缺乏系统的理论指导

关于体验营销在网站应用的新型营销方式的研究在国内处于起步阶段，从事该学科研究的专家学者少之又少，与相关国外研究成果的转化相比还有一定差距。这直接导致网络体验式营销在国内应用相对不足，在国内旅游业中的应用还有待进一步加强。

（二）体验营销内容竞相模仿

由于起步较晚、没有深入的认识，旅游网站对体验式营销理解还处在初级阶段，无法深入挖掘吸引网络用户的在线旅游产品，竞相复制模仿，阻碍网络体验式营销的长足发展。

（三）缺乏完善的网络体验支持平台

网络体验式营销是基于信息技术高度发达的营销模式。体验营销的核心是消费者与生产商之间、消费者与消费者之间的互动。提供基于体验的在线

工具平台是开展网络体验营销的前提和有效工具。数据库平台、即时通信平台、多媒体展示平台、消费体验平台、供交流体验感受的论坛等构成了网络体验营销的五大基础平台工具。但是由于网络体验式营销还处于初级阶段，专业化的支持平台目前还不完善，无法满足消费者与在线旅游企业需求。

（四）在线旅游产品偏于单一

酒店试吃员、旅游体验师等与网络体验式营销息息相关。有体验就有消费，为了把旅游线路、产品及服务真实地展现给在线用户，专业旅游体验者在体验的同时耗费的大量财力由旅游网站企业买单。网络旅游体验式营销专业人士队伍相对单薄。一次体验一种产品，能展现给在线网民的特色产品相对单一。在日益激烈的市场抢夺战中，保持并扩大市场份额是在线旅游企业的使命，创新企业营销模式与营销策略越发重要。

四、网络体验式营销策略分析：以途牛网体验式营销为例

途牛旅游网于 2006 年在南京创建，以"让旅游更简单"为企业使命。2014 年 5 月 9 日，途牛在美国成功上市。作为中国领先的休闲旅游公司，途牛为线上、线下消费者提供包括跟团、自助、自驾、邮轮、景区门票以及公司旅游、机票、酒店等在内的产品和服务。截至 2020 年 12 月，途牛已建立 30 多家境内外自营地接社，提供 420 个城市出发的旅游产品预订。截至 2021 年第一季度，"牛人专线"已累计服务超 540 万人次出游，客户满意度达到 97%。伴随着用户出游趋势个性化、碎片化，途牛建设了全品类动态打包系统。通过动态打包，客人可自主定制、任意组合出行方式、住宿、玩乐等，让产品供给与需求连接满足客户多样化出游需求，实现"打包订，更便宜"产品优势。

（一）途牛网络体验式营销方法

作为专业在线旅游网站，途牛网络体验式营销整合了以下创新方法。第

一，打造强大的在线交流平台。途牛网作为中国领先的中文在线旅游搜索引擎，是北京、上海、广州等城市消费者以及业内人士最信赖的旅游搜索网站。截至 2020 年 12 月，途牛已建立了 30 多家境内外自营地接社。途牛提供了420 个城市出发的旅游产品的预订。途牛网打造了强大的在线交流平台，从具有巨大社会影响力的火车票搜索工具衍变为中国在线旅游搜索引擎器，掀开了互联网中文在线旅游服务的新篇章。第二，创新营销内容与营销理念。作为在线旅游媒体，随着网络的不断普及和消费者对网络搜寻信息的不断依赖，网络成为传统旅行社未来发展的重要渠道。传统旅行社通过专业的电子商务平台开展电子商务工作是较好的选择。旅行社电子商务工作赢得竞争的根本在于体验式营销内容以及产品创新。第三，打造"牛人专线"，实现数字一体化。通过布局全国的目的地服务网络，"牛人专线"产品的客户满意度不断提升，在国内游逐步恢复的过程中，目的地服务网络将发挥出更大价值。通过深化场景搭建，构建闭环体验，提供全周期优质服务，在现有信息化系统建设的基础上，进一步推动数字化，加强系统间的整合互通，通过深入产业链的数字化，实现从产品研发到产品生产以及客户预订、接待到出游归来的一体化闭环服务。第四，"瓜果亲子游"与"乐开花爸妈游"体验整合。途牛在业内率先推出"瓜果亲子游"产品，坚持以"服务标准化，创新亲子产品"为目标，深耕细分亲子游市场，致力于打造市场"新生态"；并依托优势资源，使得产品更新迭代迅速，满足了多样化、差异化、个性化的亲子出游需求。"乐开花爸妈游"是途牛继"瓜果亲子游"之后打造的又一个针对旅游客群细分市场的独立产品品牌，途牛将从产品、服务等方面持续发力，让爸妈开心、放心、安心出游，乐享人生。借助途牛直采优势，不断打造更丰富、个性化、高品质的旅游产品，满足老年群体差异化需求，提升老年用户的出游体验。途牛旅游网针对不同特色的旅游线路，招聘"母子档""情侣档"等不同年龄段、不同特点的"自主旅游体验师"，为特色消费者提供需求式免费旅游。针对消费者类型的个性化，途牛旅游网创新旅游消费者个性需求旅游产品，给予不同类型人群对于旅游产品的体验感受；同时，结合网络虚拟社区的传播效应，为个性旅游爱好者提供更多细节化的可参考资料，满足特色化的需求。

（二）途牛旅游网网络体验营销实践经验总结

通过优质旅游线路、服务的"被体验"和广泛传播，更好地借助在线旅游平台进行体验式口碑营销，形成途牛的品牌效应。利用网络媒体实时、在线、快速传播的特点，实现低成本的广泛传播效应，吸引大量在线用户群体的关注及购买。

1. 效果验证

如表2－1所示，2021年上半年，我国在线旅行预订行业强劲复苏，出游人次快速反弹增长，企业业绩大幅提升。在线旅行预订企业数字化营销升级，旅行预订市场消费结构发生变化，推动整个行业高质量发展。截至2021年6月，我国在线旅行预订用户规模达3.67亿，较2020年12月增长2411万，占网民整体的36.3%。从活动数据来看，途牛借助网络体验式营销成功，在价格战愈演愈烈、网络口碑传播效应普及的情况下，"体验"旅游的核心价值给消费者十足的吸引力。网络与体验式的整合创新营销让途牛在在线旅游激烈的市场竞争中独占鳌头。

表2－1　2016年至2021年上半年中国在线旅行预订用户规模及使用率

项目	2016年	2017年	2018年	2019年	2020年	2021年
用户规模（万人）	29922	37578	41001	41815	34244	36655
使用率（％）	40.9	48.7	49.5	48.9	34.6	36.3

资料来源：CNNIC、中商产业研究院整理。

2. 途牛模式成功策略分析

总结途牛在线创新营销方案成功模式实践，得出其营销成功的关键在于：

（1）强大交流平台的支持满足在线客户信息需求。途牛网内容丰富多彩、操作简便易行、情景真实可靠的方向和思路，满足了在线客户对信息搜索的实时需求，实现了在线消费者与生产商之间、消费者与消费者之间的互动。

（2）营销内容和理念创新迎合旅游消费时代需要。随着互联网的广泛应用，在线预订旅游产品慢慢成为主流，更多的旅游用户开始喜欢在旅游网站查找旅游攻略和旅游体验相关信息。但是，这类旅游行业相关信息的真实性和实用性受到旅游消费者质疑。"体验"与"网络"的整合式营销迎合了时代的潮流，满足了在线客户的广大需求，强化了营销内容的可信度及理念被顾客的可接受度。

（3）网络体验式口碑传播加强旅游行业信息可信度。途牛旅游网从建立国内自营地接服务网络"随往旅业"、搭建目的地频道、发力"枢纽联运＋干线＋目的地服务"模式、拓展海外自营地接社服务网络"环球经典"、招募"全球合伙人"、提供全球旅拍服务等多个维度全面拓展目的地服务网络，提升客户目的地服务体验，推出"牛人专线"所提供的独创性、真实性、实时性的内容，契合了旅游消费者的需求。由于第三方的体验信息真实性、客观性、参考性较高，赢得了消费者的认同。旅游博客、QQ及虚拟社区的信息交流，通过一定的编辑原则，保证了最终评论的客观性、广泛性、公正性与实用性，加强了媒体价值与借鉴引导意义。

（4）顾客参与旅游体验提高品牌忠诚度。顾客参与免费旅游体验是旅游网络营销的一个亮点。网络口碑传播是企业品牌形象的一种塑造方式，顾客的真实体验体现了旅游的价值精髓所在。途牛旅游网通过顾客参与的整合营销方式，加深顾客对产品的体验价值，提升了顾客旅游网站品牌的忠诚度。

五、在线旅游网络体验式营销对策

网络体验式营销是一个以消费者为主导的营销模式，生产者与消费者之间是一个双向互动的过程。旅游网站开展网络体验式营销，树立以消费者为核心的经营理念，满足日益个性化和多样化的消费需求。体验经济时代，在线旅游产品及服务需要迅速吸引网民的眼球，应消费者需求，在线旅游网络体验式营销应时而生。

（一）工具创新是在线旅游网络体验式营销开展的有效手段

网络体验式营销是基于信息技术高度发达的营销模式。网络体验营销的核心是消费者与生产商之间、消费者与消费者之间的互动。提供基于体验的在线工具平台是开展在线体验营销的前提和有效工具。数据库平台、即时通信平台、多媒体展示平台、消费体验平台、供交流体验感受的论坛等构成了在线体验营销的五大基础平台工具。网络体验式营销工具创新应把握内容丰富多彩、操作简便易行、情景真实可靠的方向和思路。

（二）营销内容和理念创新是开展在线旅游网络体验式营销的核心与保障

传统营销模式营销的是产品和服务，是以生产者为导向的营销模式。伴随人类社会经济形态从产品经济、服务经济迈入体验经济时代，售前、售中和售后的旅游消费体验成为旅游企业营销活动推崇和关注的主要内容之一。网络体验营销时代，旅游产品和服务成为满足人们消费体验的载体。围绕旅游消费者体验设置营销组合策略，在线旅游网络体验式营销、树立整合营销理念，离不开供应商、渠道商、分销商、网络运营商、媒介等不同价值连接点对消费者创造和提供的体验机会，离不开整合旅游企业内外部营销活动、树立价值链竞争和企业生态系统竞争的经营理念。

（三）做好线上体验和线下旅游体验的整合

网络环境下虚拟体验的实现虽然发挥了很大的效用，但网络中的一切不能像现实中的事物一样可触摸、可感知。由于人们通常只对亲身经历的事情、可亲自接触或熟知的事物产生信任感，对网络这种不可感的新兴介质会产生不信任感，所以整合网络体验和实体体验并付诸实践，可以提升消费者对旅游产品的价值体验。

（四）网站虚拟社区的交流促进在线旅游网络体验

网站虚拟社区是互联网在拓展人际交流方面的应用，提供了一种前所未有的公共关系社交平台。虚拟社区也是一种特定的商业模式，通过网络虚拟社区中与消费者沟通和交流，在旅游网和消费者之间架起情感的桥梁。发挥旅游网站的主导性作用，可利用网络社区增强旅游消费者体验潜力。

（五）旅游消费者参与体验，突出在线旅游消费者创造和传递价值的主体

旅游消费者在比较与选择基础上会最有效地选择满足自身需求的在线旅游消费品。有效为顾客创造价值和传递价值，让在线旅游消费者参与其中，消费者才有可能通过体验产生有效口碑传播，产生二次消费和购买行动。

（六）让品牌凝聚体验

从体验营销角度，品牌凝聚的是顾客对一种产品或服务的总体体验。由品牌所体现的时尚和形象是当今消费者所热衷的，应将体验融入品牌之中，创造一种强调旅游体验的品牌形象，塑造旅游企业差异化、个性化的品牌形象，吸引游客。在旅游形象塑造过程中，应事先规划好旅游品牌核心价值，在企业各个时期各种营销活动中设定在线旅游营销活动"主题"。游客体验

已逐渐成为旅游网站营销竞争的焦点。面对互联网日新月异的变化，在线旅游网站及时调整策略，适应网络营销的时代转换，才能生存到最后。

第二节　新时代大学生在线旅游消费行为现存问题及对策研究

随着在线旅游业的快速发展以及高等教育进入大众化发展阶段，大学生数量迅速增多，因其兴趣多元化易接受新鲜事物等特点，大学生已成为在线旅游市场的主力军，有着不可低估的消费潜力。同时互联网的发展也使在线旅游网络平台上充满了花样翻新的营销手段，其中也存在一些不良的营销方式，形成不良的消费理念，产生不良的消费行为，从而影响大学生的健康发展。本节以调查问卷所得数据资料为研究基础，分析新时代大学生在线旅游消费行为特征及存在问题，并基于行为经济学视角探究原因，提出相应对策及建议，促使大学生形成积极、理性的在线旅游消费观念和消费行为。

一、在线旅游消费行为特征与影响因素分析

在国内方面，学者们对在线旅游消费行为的研究主要集中在影响因素和特征方面。对消费行为特征的研究大多数学者采用实证检验等方法分析。如刘丹丹、黄安民（2017）运用旅游消费者行为理论和市场营销 AISAS 模型、SPSS 统计分析法、问卷调查法等方法，对旅游动机、消费、决策、信息反馈进行分析，认为在线旅游消费者具有猎奇性、注重信息交流，以及对网络具有依赖性；范珑（2016）通过研究发现，在网络环境下旅游消费者消费个性化需求提高，更多要求私人指定的个性化出游计划；于爽（2019）通过实证调研，从在线旅游信息搜索行为、产品购买行为、在线旅游评价三个方面分

析，发现网络信息的明确性及真实性影响在线旅游决策和体验；娄在凤（2016）通过定性和定量分析方法研究在线旅游消费者决策的影响因素，以促进在线旅游企业可持续发展。

对于在线旅游消费行为影响因素的研究，陈立梅、黄卫东、陈晨（2019）以消费者行为和 SICAS 模型为理论基础，研究在线旅游网站上的消费者行为路径因素的影响程度大小，表明品牌感知度、交互体验性、产品体验度对购买、购买行为均意向有积极影响；范珑（2016）从社会因素、环境因素、心理因素等角度分析影响因素，并提出相应的营销对策。在为数不多的已有研究成果基础之上，学者们的研究大都以促进企业营销为目的而进行研究，对大学生在线旅游消费行为的研究文献相对较少，从行为经济学角度研究的文献更是稀缺，这成为本研究的出发点。

二、新时代大学生在线旅游消费行为调查研究

本次调查问卷主要分为两大部分：第一部分是被调查者的个人信息；第二部分是被调查者的在线旅游消费行为特征信息。本次调研采用网络问卷调查的方式进行。以泰山学院在校大学生为研究对象，通过问卷星（http：//www.wjx.cn/）收集问卷。由于采用网络调查的方式，一共回收问卷 450 份，有效问卷 450 份，有效率达 100%。

（一）样本统计分析

1. 样本基本情况

样本基本信息主要为性别、年级分布、家庭背景、生活费来源、月生活费数额等方面。

如表 2-2 所示，从性别比例来看，男性 228 人，占 50.66%；女性 222

人，占 49.33%，男女比例基本相同，减少了调研结果的偏差。从年级分布来看，大一至大四的学生比例分别为 28.66%、24.00%、21.33%、26.00%，各年级所占比例基本一致。在生活费来源方面，76.00% 的大学生依靠父母支持，只有 13.33% 和 0.86% 的同学生活费来源于兼职和奖学金支持；在生活费数额方面，月生活费为 1001～2000 元的大学生占 67.30%、501～1000 元的占 17.33%、2000 元以上的占 12.66%，可以看出大学生这一特殊群体的经济实力有限，主要是依靠父母支持。

表 2-2 样本基本情况

调查内容	类别	频数（人）	百分数（%）	调查内容	类别	频数（人）	百分数（%）
性别	男性	228	50.66	生活费来源	父母	342	76.00
	女性	222	49.33		兼职	60	13.33
年级分布	大一	129	28.66		奖学金	39	0.86
	大二	108	24.00		其他	9	0.02
	大三	96	21.33	月生活费数额	500 元及以下	12	0.26
	大四	117	26.00		501～1000 元	78	17.33
家庭背景	农村	258	57.33		1001～2000 元	303	67.30
	城镇	192	42.66		2000 元以上	57	12.66

资料来源：根据调查问卷整理而得。

2. 大学生在线旅游消费行为特征分析

在线旅游动机方面，调查数据显示，大学生在线旅游动机以"了解相关产品或服务"与"消遣娱乐"居多，占比为 42.67% 和 32.67%（如图 2-1 所示）。由于互联网的高速发展，有 30% 的大学生早在高中已接触到在线旅游，其中主要为大一新生。大学生作为思想活跃追求时尚的年轻一代，在线旅游已成为当代大学生日常生活的重要组成部分。媒体宣传等外界环境干扰也是影响大学生在线旅游消费行为的一大因素。

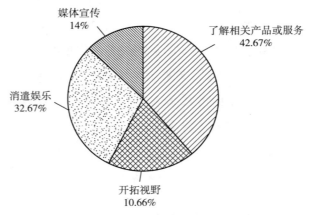

图 2 - 1　在线旅游动机

资料来源：根据调查问卷整理而得。

在线旅游频率方面，大学生一年内在线旅游次数在 1~4 次、5~8 次和 9 次以上的分别占 20%、52% 和 25.33%（如图 2-2 所示）。由此可见，大学生在线旅游次数较多，这不仅与在线旅游方便快捷的特点有关，大学生生活压力小、闲暇时间多也是主要原因。

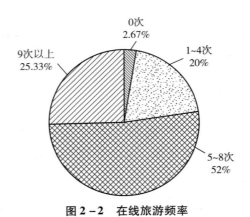

图 2 - 2　在线旅游频率

资料来源：根据调查问卷整理而得。

在线旅游经费方面，通过图 2-3 可知，52.67% 的大学生费用源于父母支持，24.98% 和 4.36% 的大学生费用源于课余兼职及平时省吃俭用，18% 的大学生费用源于奖学金、助学金等，可见大学生在线旅游费用来源的多元化，但主要来源还是父母资助，表现出大学生依赖性较强、经济实力有限的特点。

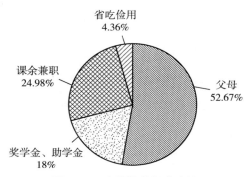

图 2-3　在线旅游经费来源

资料来源：根据调查问卷整理而得。

在线旅游消费额方面，如图 2-4 所示，45.36% 的大学生每次在线旅游的费用是 501~1000 元，34.79% 的大学生花费 1001~2000 元，14.67% 的大学生花费在 500 元及以下。但月生活费在 1001~2000 元的大学生占 67.3%（见表 2-2），可见，大学生经济来源主要依靠父母并且大多数学生月生活费集中在 1001~2000 元区间内，表明大学生在线旅游消费水平较高。

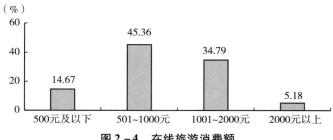

图 2-4　在线旅游消费额

资料来源：根据调查问卷整理而得。

（二）大学生在线旅游消费行为现存问题总结

1. 超前消费

大学生是一个消费群体，大部分在经济上没有独立，主要经济来源来自家庭支持。调查显示，有 52.67% 的大学生在线旅游费用来自家庭，只有 24.98% 和 18% 的大学生在线旅游费用来源来自兼职和奖学金。大学生在线旅游消费水平较高，有 45.36% 和 34.79% 的大学生在线旅游的每次花费约为 501～1000 元 和 1001～2000 元。为解决在线旅游经费有限与消费水平高两者间的矛盾，越来越多的大学生选择消费信贷产品，以及信用卡等途径来解决这一问题。选择消费信贷产品、信用卡等超前消费的方式，一方面满足了大学生当前的消费需求，提高了其生活幸福感；另一方面也有可能产生因超前消费导致负债过多，产生信誉危机等问题。

2. 冲动消费和盲目消费

大学生处于"三观"形成的关键时期，大部分人缺乏理性消费观。调查结果显示有 76% 的大学生生活费源于家庭支持，也是大部分同学第一次真正拥有支配各种费用的权力，对于能否有计划性的消费存在很大问题。大多数大学生心理承受能力较差，情绪易受影响。在经历不愉快的事情时不能客观对待事物本身，容易把物质消费作为发泄情绪的主要手段，造成情绪化消费。例如当被问到"您会因打折或优惠券而额外购买产品"时，32.67% 的大学生表示经常有这种情况，56% 的大学生表示有时会有类似的情况，说明大学生在线旅游消费的盲目性和随意性；有 58.34% 的大学生表示偶尔会按计划购买旅游产品，22% 的大学生表示在线旅游消费时从来没有计划，经常浪费额外的时间漫无目的在网站闲逛；有 65.33% 的大学生在购买产品后有时会后悔，"喜欢就买"的消费动机体现了大学生在线旅游消费存在随意性问题。

这些问题均反映了大学生在线旅游消费缺乏计划性，盲目消费且消费易受情绪影响。

3. 从众消费

所谓大学生从众消费指大学生会有意无意地模仿其他消费者的行为，产生与大多数人相类似的消费倾向。网络媒体对大学生的思想观念产生的影响最大，既可以给予大学生正确消费观的引导，也容易把大学生引至不良消费的道路上。例如在"您会因为某景点为网红景点去了解相关的旅游产品"问题中，有54%的大学生选择会去了解，参照群体也会对大学生的在线旅游消费行为产生影响；在"评论区其他游客的评价对您有无影响"的问题中，38%大学生表示有较大影响，34.67%的大学生表示影响不大。由于大学生缺乏实际经验，更多参考"买家秀"辅助了解产品，"买家秀"评价的好坏在很大程度上影响大学生的在线旅游消费行为。

三、新时代大学生在线旅游消费行为现存问题原因探究

（一）心理账户的存在

心理账户是行为经济学的一个重要概念，指人们在做经济决策时，往往使用不同的心理评估过程，即在心理上把金钱划分成不同账户。心理账户运算规则不尽相同，且彼此互不流通。当各账户间的资金流动受到人为阻隔时，消费者需要在每个心理账户中积累足够的流动性资产，才会进入该账户商品的消费市场。消费信贷产品与信用卡的出现使得大学生用于娱乐游玩的心理账户资金得到补充，起到扩大在线旅游消费的作用。大学生在线旅游消费时，消费信贷产品、信用卡最明显的作用在于淡化了购买成本，使用现金消费与使用消费信贷产品、信用卡消费的心理感受本质上是不同的。消费信贷产品

的预支消费功能使大学生支付金钱的感觉大大降低，有的只是数字的增加或减少，更容易引起超前消费。

（二）框架效应的存在

从框架效应角度可以佐证大学生盲目消费问题。框架效应即当一个问题被以一种方式表达或设计时，人们会偏爱选项 A，当同一个问题被另一种方式表达时，人们却偏爱选项 B。如现在的旅游网站更多的将打折方式描述成"满 500 减 100"而不是"满 500 元之后，打 8 折"，这便是两种不同的描述方式。框架效应在大学生实际消费时也有所体现，例如"满 500 减 100"，消费者在心理上感觉付出 500 元后又额外获得 100 元，把额外获得的 100 元看成"收益"，并放到相应的心理账户中，可以用"多出的 100 元"购买其他产品。这也说明了在这种打折方式下大学生为什么会增加产品的购买数量。但是在直接打折的情况下，如 500 元的机票打八折，即花费 400 元可直接买到，此时就不会把省下来的 100 元看作是一笔额外的"收益"，所以不会带来更多的产品消费。

（三）可得性偏差的存在

可得性偏差是指在信息不对称的情况下，消费者在进行消费选择时不仅受到直觉的影响，还受到信息可获得的难易程度的影响，容易获得的信息对消费者的影响最大。在实际消费中可获得性偏差是普遍存在的。对大学生在线旅游而言，如果旅游网站中的大多数游客对某旅游产品给予更多正面评价，便会有更多的大学生选择此类旅游产品，因为对容易记忆的信息印象较为深刻。反之，出于从众心理，即使某旅游产品的质量较好，因为缺少评价，大学生可能就会选择不消费。造成可得性偏差的另一个原因是大众媒体的广泛宣传，例如某旅游景点对自己的旅游服务和旅游产品宣传时，使这些信息经常出现在旅游网站上，这样使信息有了较高的可得性，在无形之中使消费者产生了选择偏好。由于大学生缺乏相关经验，难以辨别信息的可靠性，当这种偏好程度大于信息本身的真实度时，大学生在线旅游消费便会产生从众行为。

四、新时代大学生在线旅游消费行为提升对策及建议

（一）深化大众传媒的舆论引导作用

大众传媒以其发展快、时效强、影响大等特点极大地影响着人们的思维方式、价值观念，引导大学生在线旅游消费的价值观念。第一，主流权威媒体要借助优秀传统文化中关于勤俭节约、理性自律的品质，加强对当代大学生的消费行为引导，形成健康、积极的消费文化。第二，依靠公众人物的影响力引领理性的消费文化风潮，如可以利用微博和微信等渠道传播积极的消费观念，为大学生的在线旅游消费树立导向标。

（二）引导大学生树立正确的消费观

个体的消费观将深深地影响其消费行为和消费方式。大学生消费水平高与经济实力滞后之间的矛盾，更加凸显加强当代大学生正确消费观引导的重要性。高校是人才培养的中心地之一，应主要依托高校来展开。第一，高校应重视对大学生正确在线旅游消费观的形成，积极开展大学生的旅游消费观教育，给予大学生正确的引导。第二，高校本身具有众多优势，如高校有进行思政教育的导师，教师们的悉心指导对大学生在线旅游消费观的引导具有显著作用。此外，高校开设有关在线旅游消费行为的网课或选修课，拓展网络消费行为教育内容。培养和加强大学生的财商教育与理念，保证理性消费教育的顺利开展，为大学生树立健康、理性的在线旅游消费观打下坚实的基础。第三，高校可以利用主题班会、社团活动等途径积极倡导优秀传统美德，

创造良好的文化氛围以帮助大学生形成正确的在线旅游消费观。

（三）大学生提升自身的理性在线旅游消费素质

当前大学生出现非理性在线旅游消费行为的重要原因之一是自身的理性消费较弱。作为在线旅游消费主体的大学生应做到以下几点：第一，学会自我认知，如基于心理账户，对心理账户进行合理的规划预算，更好地理解心理账户，认清自己的经济能力。在线旅游消费时提高观察能力，学会洞悉广告媒体的模式。第二，端正消费态度，制定合理的消费预算，做出理性的消费选择，不冲动消费、盲从消费，逐步提高大学生在线旅游理性消费能力；探究非理性消费行为发生原因，提高理性消费能力。第三，增强法律意识学习法制知识，消费过程中自觉做到遵纪守法，提升自身消费素质，增强节约理性的消费意识，养成健康积极的消费行为。

（四）强化政府的在线旅游网络监管工作

通过对大众网络消费进行合理监管，加强对大学生在线旅游消费行为的有效引导。第一，积极开展立法工作。通过立法对旅游网站的经营行为进行有效的约束，避免出现误导消费者的不良行为。加大执法力度，对于违法经营的旅游网站坚决关停，净化在线旅游的网络环境，为大学生营造良好的网络氛围。健全相关法律条款，为大学生在线旅游消费权益的维护提供法律支持。第二，政府要逐步完善在线旅游社会诚信体系。个人和企业诚信记录一方面对企业起约束作用，避免其出现不良经营；另一方面也可以对大学生在线旅游消费行为起到约束作用，避免其进行超前消费、盲目消费、冲动消费等，促使大学生进行积极理性的消费。

第三章

数字文旅融合实践研究：以泰安为例

第一节　泰安数字化酒店实践研究

自 21 世纪以来，在科技高速发展、经济繁荣发展下，大多数顾客倾向于按照自己的习惯、个人喜好进行消费，消费呈现个性化特征；顾客数量众多且各不相同，消费具有了多样性特征。数字化酒店在经济、科技、社会发展的冲击下兴起并循序发展。数字化酒店的兴起，冲击着传统酒店，使酒店行业发生着颠覆性的变革。酒店业竞争呈白热化之势，倒逼酒店行业管理者深刻体会到客户需求和用户体验的重要性。为提升顾客需求满意度和培养忠诚客户，酒店行业需要进行深化改革使客户满意度提高，获得客户的支持。数字化管理促使酒店业管理一体化，极大提高酒店业整体服务质量。目前，科技市场上，酒店数字化竞争主要围绕酒店设施智能化（智能家居、智能终端、智能自助服务等）、内部信息化展开。

一、数字化酒店发展作用

（一）数字化酒店界定

数字化酒店含义相对广泛。潘琦从 2001 年开始对酒店管理和客户服务等方面进行了相当多的探索。作为数字化酒店，要充分采用多媒体、中间商、网络资源、数据库、电子商务、网络平台、网络安全等先进科技技术，通过多方面融合，进行全面实时的多方面信息交换，借助网络平台和电子商务应用实现智能化酒店运营。数字化酒店表现为节省成本、增加顾客体验、开拓市场、吸引顾客、加强管理。罗冬梅（2007）认为，数字化酒店应涵盖绝大部分跟踪的酒店事务软件系统，用以确保消费者的安全和适宜的系统，且促进酒店各项事务管理系统和软件硬件完美结合之间的各种无形接口。数字房间是数字酒店房间名称的缩写，通常称为数字房间或称为数字酒店。所谓数字化的房间，是指在酒店房间中超大规模应用先进的信息管理技术，以促进每个房间的智能化、可控化和信息化。数字客房基于特许合作伙伴，使客人能够实现房间设施控制、视频点播、服务请求交互、计算机网络使用、信息咨询和查看以及酒店介绍等功能，提供个性化和人性化的服务，并节省成本以提高效率，提升服务质量和管理水平，并促进客户满意度。数字房间是酒店房间建设的核心，也是酒店信息建设的重中之重。

目前发展较快的城市酒店数字化服务大多呈现在智能化系统之中。自 2008 年金融危机过后，发展较快城市酒店已逐渐引入多媒体视频系统，酒店业务也大多纳入了网络化体系。据 2019 年 12 月泰山学院旅游管理教学团队网上调研，发展较快城市可容纳网络预定的酒店已超过了 88%，绝大多数的三星级及以上的酒店提供了会员优质服务，其中正常情况下包括了优良的数字化服务结构。数据显示，在发展较快的城市中，酒店安装的智能照明控制占比不到 22%。

（二）数字化酒店发展意义

数字化酒店的发展前景十分广阔。联通、电信、移动等大型网络运营商重视数字化酒店的发展，并对数字化酒店普及发展做出了实质性的支持。早在 2001 年，国内联通、电信、移动等几大网络运营商为国内一、二线城市的 4000 余家三、四星级酒店提供了线路支持，以及所需的接入设备，升级优化酒店系统内部网络，为数字化酒店建设提供坚实的物质基础。科技的进步导致数字化水平不断提高，数字化意味事务处理将变得更加便捷、迅速、高效，节约大量时间。对于喜好阅读的顾客，电子阅读满足了酒店业的多样化需求。据 2019 年 12 月泰山学院旅游管理教学团队网上调研，20 ～ 40 岁的年轻人日均使用互联网时间高达 7 小时。酒店行业以此年龄段的消费者为主，年轻人更倾向于更加便捷、透明的网上预定；对于年轻人而言，酒店数字化有利于其多项比较，选出价格、品质更优的酒店。同时，数字化酒店建设受到当地政府的高度重视。各级政府密切关注数字化酒店建设与投入，积极开展各城市的数字化酒店服务，并将信息化列为首要任务，以求更加便捷高效的服务。

目前关于数字化酒店的建设主要集中于酒店智能化的基础设施、服务等方面，包括数字化背景音乐、机器人、智能窗帘等。对于大部分酒店来说智能化设施并不完善，智能化设施利用程度是否充分还存在质疑。数字化信息管理系统贯穿于计划、组织、指挥、协调等酒店管理全过程。数字化凸显酒店能力水平，促进酒店不断创新，增加酒店行业竞争力，提高酒店行业社会效益与经济效益。

数字化酒店有助于提升旅游产品的品位和档次，增加旅游休闲的舒适度，提升顾客的满意度，增加旅游者的心理效果附加值。游客在选择酒店时，在可接受的价格水平下优先选择设施更齐全、便捷的酒店。相对于传统的酒店来说，数字化酒店更能满足游客的新奇感等心理感受。数字化酒店服务消费节省了人力资源成本，使得空闲的劳动力可以拉动其他各行业的经济发展。泰安市大力发展数字化酒店，"智能化"等词语不再单一形容"北上广深"等城市，为泰安市增加"智能化"名片，提高游客满意度、忠诚度，使口碑相传，有利于城市旅游形象竞争力的提升。

客人通过酒店提供的某种遥控器甚至于各类平板设施设备进行灯光、窗帘、电视、书桌等的掌上操控。如果是年轻客人自然可以自行操作，轻松使用，如果是面对数字化不熟悉的客人需要对客人进行操作指引，讲述各项功能和使用方法。宾夕法尼亚大学零售中心调查表明，大多数客人，特别是喜爱电子设备并钟爱触摸式设备的客人，对酒店业数字化转型表现出积极并乐于参与的想法。豪华式酒店以其拥有多样的人工互动与独特的技术产品服务区别于普通酒店。为了避免盗窃，员工须在床单、毛巾、浴袍和亚麻布等交付洗衣房前后进行计数。数字化酒店中，小的 RFID 标签（小型无线射频标签）被缝入这些物品中。当清洗车通过传感器时，将智能化地显示清洗室中物品的名称和数量，消除了单件清单的麻烦、节省了清点物品的时间。截止到 2019 年，这种无线射频标签已经在国内一些服装类标签中应用。在酒店业虽还未普及，但确是发展的一大方向。

二、泰安市数字化酒店实践调查分析

本课题组采用调查问卷形式展开研究。调查问卷设计的内容包括以下几个方面：第一部分是被访者的个人信息，包括旅游者来自哪里、性别、年龄、学历、职业、家庭月收入、旅游泰安的经历等基本信息。第二部分是考察游客对酒店的数字化服务的接受程度，主要被访者在做本次调查问卷之前是否了解过数字化酒店、入住酒店时优先考虑因素、入住的酒店是否有某些智能设施以及感兴趣程度等问题。调查问卷采用实地调查和网络调查相结合的方法。实地调查地点主要在泰安的蓝海御华、弗尔曼以及东尊华美达酒店，其中，分发了 45 份问卷，收回 43 份问卷，有效问卷 30 份。在线调查主要通过问卷星调查网站（http：//www. sojump. com/）进行收集，回收 50 份问卷，有效问卷 30 份。在这项调查中，共回收了 93 份问卷，有效问卷共 60 份。回收率为 97.9%，有效率为 63.2%。

（一）描述性统计

受访者的组成包括性别、年龄组成、客户来源组成、教育组成、职业组成、收入组成等因素。

调查显示，受访者以女性为主，占 51.7%；在学历方面，具有本科以上学历占比为 58.3%，表明受访者的文化程度较高；家庭月收入大部分集中在 3001~8000 元，占比为 61.7%，这个水平在泰安市属于中级收入；从旅游目的来看，旅游者来泰安属于休闲度假，占比为 51.7%，出差和探亲访友分别占了 16.7% 和 20.0%（见表 3-1）。

（二）"数字化酒店"具体指标的评价

问卷调查结果显示，33.3% 的人在选择酒店时优先考虑酒店的地理位置，酒店的地理位置成为顾客首选因素之一；优先考虑酒店的品牌占比 26.7%；优先考虑价格的占比 28.3%；只有 6.7% 的顾客优先考虑酒店的数字化程度（见表 3-2）。在当今的酒店行业竞争因素中，相比于酒店地理位置、服务、价格等基本因素，酒店数字化程度并不占优势。绝大多数游客入住酒店时并不考虑数字化程度，可能与泰安市经济发展水平相关联。因此泰安市酒店智能化转型还存在很大的发展空间。多数客人对品牌、价格、地理位置比较敏感，可以通过网络营销来进一步提升发展水平。

表 3 - 1　　　　　　　　　　旅游者的人口统计特征

调查内容		频数（人）	百分数（%）	调查内容		频数（人）	百分数（%）
性别	男	29	48.3	学历	硕士及以上	9	15.0
	女	31	51.7	家庭月收入	3000 元以下	14	23.3
年龄	25 岁以下	35	58.3		3001 ~ 5000 元	24	40.0
	25 ~ 35 岁	17	28.3		5001 ~ 8000 元	13	21.7
	36 ~ 45 岁	3	5.0		8001 元以上	9	15.0
	45 岁以上	5	8.3	旅游目的	商务出差	10	16.7
学历	高中以下	6	10.0		休闲度假	31	51.7
	大专	19	31.7		探亲访友	12	20.0
	本科	26	43.3		其他	7	11.7

资料来源：根据调查问卷整理而得。

表 3 - 2　　　　　　　　　　入住酒店时考虑的因素

项目	频数（人）	占比（%）	有效占比（%）	累计占比（%）
品牌	16	26.7	26.7	26.7
地理位置	20	33.3	33.3	60.0
数字化程度	4	6.7	6.7	66.7
价格	17	28.3	28.3	95.0
其他	3	5.0	5.0	100.0
总计	60	100.0	100.0	——

资料来源：根据调查问卷整理而得。

　　表 3 -3 显示，大多数酒店智能设施还不完善，只有 35.0% 的酒店有智能退房设施，23.3% 的酒店有智能办理入住设施，28.3% 的酒店有时能够提供前台服务。因此，泰安市酒店数字化程度还有待提高。

表 3 – 3　　　　　　　　　　　　入住酒店的智能设施

项目		是	否
智能入住办理（如：自助入住机）	频数（人）	14	46
	占比（%）	23.3	76.7
智能客房门锁（如：App、人脸识别）	频数（人）	20	40
	占比（%）	33.3	66.7
智能前台服务（如：机器人引导员）	频数（人）	17	43
	占比（%）	28.3	71.7
智能退房系统（如：手机自助退房）	频数（人）	21	39
	占比（%）	35.0	65.0
智能停车位（如：车位剩余数量提示）	频数（人）	37	23
	占比（%）	61.7	38.3
智能酒店服务打分系统	频数（人）	25	35
	占比（%）	41.7	58.3

资料来源：根据调查问卷整理而得。

　　通过对顾客入住酒店时对智能设施设备感兴趣程度的数据分析显示，有 75% 的顾客对智能机器人感兴趣，81.7% 的顾客对智能背景音乐感兴趣，对智能窗帘感兴趣的更是高达 86.6%，顾客对智能灯光感应设置感兴趣的达 86.7%（见表 3 – 4、表 3 – 5）。因此，顾客对智能化、数字化的设施设备是有极大诉求的。目前泰安市酒店业，实现背景音乐、窗帘、灯光感应的数字化普及是有一些难度的，但是智能电视的数字化是完全可以实现并且普遍实施的。

表 3 – 4　　　　　　　　　　　　对智能设施感兴趣程度

项目		非常感兴趣	有兴趣	一般	不感兴趣
智能服务机器人	频数（人）	27	18	11	4
	占比（%）	45.0	30.0	18.3	6.7

项目		非常感兴趣	有兴趣	一般	不感兴趣
智能背景音乐	频数（人）	21	28	8	3
	占比（％）	35.0	46.7	13.3	5.0
智能窗帘	频数（人）	23	29	6	1
	占比（％）	38.3	48.3	10.0	1.7
智能灯光感应	频数（人）	24	28	7	1
	占比（％）	40.0	46.7	11.7	1.7
其他	频数（人）	16	8	32	4
	占比（％）	26.7	13.3	53.3	6.7

资料来源：根据调查问卷整理而得。

表 3-5　　　　　　　　　希望酒店提供数字化服务

选项	频数（人）	占比（％）
是	48	80
否	12	20
本题有效填写人次	60	—

资料来源：根据调查问卷整理而得。

三、泰安市酒店业数字化转型的 SWOT 分析

（一）优势

1. 政府积极建设推动酒店业数字化转型

旅游业是拉动酒店业数字化转型的极大助力。近日，泰安市新增了鲁酒

文化、古典汽车等非国有博物馆。至此，全市已经有33家获得省级文旅主管部门备案的非国有博物馆，大大增加了对游客的吸引力。随着越来越多的博物馆开放展示，将大大推动国家非物质文化、物质文化的保留和发展，对非国有博物馆的发展建设注入了新鲜事物，同时在精神文明建设和满足人民群众日益增长的文化需求方面也发挥了积极作用。2020年3月30日，泰安市文旅局"四进"攻坚工作组邀请市A级景区评定委员会专家到泰安老街项目现场调研指导。在调查过程中，评审团专家按照国家3A级景区评价标准，对泰安老街的基础设施、环境卫生、景区管理、旅游服务、旅游安全等方面提出了意见和建议。具体包括旅游运输组织转移升级项目、旅游停车场改造升级项目、景区厕所建设与升级项目，以及城市公共厕所的建设和升级项目。这些项目的稳步实施加大了游客的数量，助力泰安市酒店业数字化转型。

2. 星级酒店实力雄厚

经济的发展会促进酒店业数字化转型。自改革开放以来，我国经济实力快速提高，可用于酒店行业建设的储备资金充足，基础设施购入率高，酒店数量更是成倍增加。进入21世纪，单纯的住宿已经不能满足顾客的需求，越来越多的顾客追求更高的舒适性、便捷性。为满足顾客需求，越来越多的酒店愿意在建设数字化上投入更多的精力和资金。坐落于泰安的泰山是国家5A级旅游景区，吸引了大批的游客前往观光旅游，在带动泰安旅游业的同时也带动了酒店业的发展，给泰安带来了大量的经济效应，为泰安星级酒店数字化转型提供了可能，使星级酒店实力雄厚。

3. 基础人才储备充足

受地域、经济发展水平限制，泰安市酒店业员工工资相对于沿海城市或一线城市来说相差悬殊，员工基本工资支出占酒店总支出比例小。为吸引和保留各类工作人员，应提升其福利待遇，最大限度提高员工忠诚度，使员工具有足够的安全感，更愿意积极主动、务实地完成各项基本工作，为泰安市酒店业数字化转型提供充足的基础人才储备。

（二）劣势

1. 专业性人才缺失

数字化转型需要专业的技术、服务人才。受到当今社会公众对酒店管理行业的认知误区影响，除了酒店管理本专业人才之外，很多大、中专院校毕业生不愿就业于酒店业，能为酒店业输送的各类专业人员数量并不多。酒店业并非当今社会最主流的行业，很多学校在教育管理、知识讲授、理论实践等方面能使用的师资力量并不多，学员整体素质与专业人员还存在一定差距，对持观望态度的学员吸引力不够，导致大量人才流失。信息技术研发人员对数字化建设是不可或缺的，理论上讲，当一个酒店开始使用信息技术管理就已经踏入了数字化的大门。在酒店业数字化转型中，智能化员工需要具备能够及时发现问题、迅速独立处理问题并且及时进行反馈交流的能力。当信息技术研发人员不能对酒店行业完全深入的了解时会产生错误估计与判断，造成信息技术功能与酒店需求错位，影响酒店业数字化转型。

2. 数字化技术更新快

随着我国经济实力快速发展，科技作为第一生产力发挥了巨大作用。随着科技高速发展，传统观念、管理模式等问题抑制了酒店业在设施、信息管理等数字化转型速度。假设将顾客与酒店所有接触都用数字化表示，顾客数字化消费体验大致可以分为三个阶段，即消费前的考虑阶段、消费中的实施过程、消费后的反馈阶段。把其中的各项服务看作各个接触点，为用最少的线将这些接触点一一串联，合理地协调好这些接触点，使这些接触点既能够有序进行，又可以接收到每一个环节顾客的反馈意见，根据反馈优化数字化消费链。在这个过程中，需要信息技术人员提供技术支持，需要对酒店内部结构和极其深刻了解酒店自身发展的管理者进行合理的调控。

3. 酒店硬件设施老化

酒店行业发展于 20 世纪 90 年代末，随着酒店行业投资热潮的到来，泰安星级酒店开始萌芽、发展。即便是 2015 年修建的酒店，室内硬件设施也已经老旧，墙面、桌椅颜色暗沉，卫生间瓷砖也有破损，已经不能对游客产生吸引力。同时，也面临新时期更环保、更舒适新产品的挑战。

4. 信息系统不完整

信息系统不完整导致酒店各运营部门无法成为一个有机整体，在处理信息时依旧处于"各自为政"状态，比如前台的预定系统、酒店的销售系统以及财务的统计核算系统。这种独立的系统只能提高独立部门的工作效率和管理职能，并不能有效协同各系统的业务管理和流程，降低了信息系统高效协同的作用。

（三）机会

1. 新时期全域旅游发展带动

随着大众旅游时代、全域旅游时代的到来，国家"黄金周"推波助澜拉动了旅游产业与酒店业的发展。特别是党的十九大以后，中国特色社会主义进入新时代，我国社会主要矛盾已经转化为人民日益增长的美好生活需要和不平衡不充分的发展之间的矛盾。旅游成为人民日益增长的美好生活需要的重要体现。2016 年，山东省被确定为省级全域旅游示范区创建单位，各市县积极规划，谋求发展。泰山区地理位置优越，且资源优势巨大。泰山环抱，山城一体。2017 年，为构建全域旅游格局泰安市政府进行了很多改革，如推进山城资源整合、驱动产业转型升级等，具体表现为构建"两横四纵"的全域旅游格局。"两横"为依托环山路、大汶河湿地构建高端度假区、休闲旅游地；"四纵"为依托济泰高速、博阳路、明堂路景区、泰城历史文化轴构建全域旅游。以时代发展线打造各类旅游产品，全力开创了"山城一体、融合发展"的全域旅游泰山模式，完成了"泰山时代"向"山城时代"的跨越，极大地带动了酒店业数字化转型。

2. 互联网、5G 等新技术运用变革酒店数字化营销模式与思维

虚拟现实技术（VR）能够提高顾客体验，比如在观看视频或者游戏时使用虚拟现实技术会让顾客仿佛投身在三维空间中，感知更加真实，身临其境。增强现实技术（AR）可以在酒店大堂展示房型、基础操作等，让顾客对酒店更加了解。自 2018 年 8 月开始，我国一些重要城市成为 5G 建设率先试点城市。随着第五代通信技术应用的加速，我国进入 5G 时代。5G 将军事级别的安全加密和高级可靠性技术应用于全球酒店行业系统，更好地保护酒店人员和住店客户个人信息。通过这种新技术应用最大化给酒店带来收益，推动了酒店业数字化转型。

3. 共享经济下的跨界经营与合作

酒店业跨界合作与变革最为明显的趋势是酒店与科技快速结合。在越来越强调共享经济的今天，为实现资源整合与利用，实现个人与企业利益互惠共赢，进行跨界经营与合作已成为趋势。通过整合各方价值驱动，分工协作，明确共享和互利，保障跨界与合作各方长远利益。

（四）威胁

1. 酒店过度与无序开发以及投资盈利能力下降

近年来，高档奢华酒店如雨后春笋般涌现。很多地区高层管理人员为使其门面好看追求高档的建设，虚有其表。考虑到房地产开发商单方面的利益和战略投资规划，我国一些二、三线城市也在加速高星级豪华酒店建设。

2. 民族本土酒店的品牌发展困难

目前，国内外各类酒店竞争激烈，但国际品牌酒店仍占据着主流地位。社会上部分公众由于认知上的偏见，在酒店选择上直接否定国内酒店，导致国内民族品牌酒店管理集团在与国际品牌酒店竞争时处于劣势地位。我国仍属于发展中国家，本土的酒店管理集团较国外多数发达国家的管理集团在信息技术管理、人才培养与储备等方面确实存在一定差距，对本土酒店发展造成一定不利影响。但这并不意味着国际品牌就优于国内本土品牌，国内酒店正在针对顾客需求做出进一步优化改善。

四、新时代泰安市酒店业数字化转型对策

互联网经济时代，网络营销成为酒店运营管理的主要经营手段。顾客根据自己的需求通过网络计算让酒店定制各项服务。通过 ERP、SCM、CRM 这些电子信息技术，使酒店内外部业务协同发展，逐渐与组织结构、管理目标以及酒店趋同的业务流程相融合，成为科技时代的竞争手段，降低了运营、人力成本，提高企业效率。随着酒店业竞争加剧，酒店之间客源的争夺愈发激烈，为了增强酒店的竞争力、优化企业形象、降低运营成本，如何利用信

息管理技术实现协同运作已经成为酒店管理者重点考虑的问题。为此，笔者提出以下对策：

(一) 加大加强酒店数字化营销

1. 完善酒店官网，树立酒店形象

在网络营销的过程中，官网是酒店的"门户"，不可小觑。酒店经营管理者要充分认识到官网在品牌塑造、网络销售、信息传递以及提高客户忠诚度方面的重要作用，充分利用官网增加客户黏性，提升客户忠诚度，有效发挥官网营销作用。官网发布特色食物、服务、设施等增加对顾客的吸引力，及时为顾客提供多种方案，增加预订酒店的入口以便及时抓住目标顾客。通过这种一条龙式服务来更好地宣传自己的酒店品牌，形成企业名片，大大提升酒店知名度，吸引更多顾客群体。

2. 加强虚拟现实在酒店实景体验中的应用

通过与新媒体技术结合，利用虚拟现实技术呈现多彩的现实生活方式，带来更好的传播效应。通过利用新媒体技术特点，将传统的酒店资源信息与当前年轻群体兴趣爱好等时代信息相结合，有效地提高数字化酒店影响力，有效吸引更多的年轻人愿意去了解酒店。

3. 提升内在价值

酒店数字化保存机构在通过利用虚拟现实技术开展宣传时，应适当加入广告。利用形象代言人进行国内外宣传；广告内容可以与旅游文化遗产内容相联系，比如传统手工艺品、文化创意产品；加大酒店数字化宣传目的，为当地旅游业发展提供了无限可能。

（二）整合建立酒店的数字化服务系统旅游资源

1. 加快引进酒店智能服务 App 系统

引进酒店礼宾部的移动设备应用软件，针对苹果和安卓操作系统提供多种不同的语言版本。客人通过智能手机或平板电脑随时自由定制酒店入住，包括自行管理客房服务、交通安排、当地景点游览、水疗护理预约、客房保洁、叫醒电话等服务。目前，此类软件已在实力较强的酒店投入使用，酒店会定期收集客户使用体验，以便日后更好地完善与提升客户端。

2. 酒店前台服务运用大数据分析系统

如今大数据分析已成为趋势。酒店前台系统接入大数据分析，直接将客人在平台的预订信息直接关联到酒店内部系统，实现数据无缝连接。通过智能化数字分析，清楚地知道客人想要什么、需要提供什么、缺什么，提高酒店获取信息的准确程度，提升顾客入住便捷程度。

（三）提升服务意识和管理水平

1. 加强员工培训，增加能力储备

在新媒体及大数据背景下，客户群体持续增加，且越来越依赖网络。酒店需要对员工进行数字化转型的相关培训，增加员工数字化能力储备，使其更好地适应数字化服务，掌握数字化服务的相关技能，提升数字化服务意识。

2. 严格要求员工

面对当今网络大数据的时代背景，新时代管理对于职工素养和接待消费者的能力要求更加严格。接待部门、人事管理部门、财务部门等酒店重要部

门在数字化转型中要求职工要有着高素养的数字化专业技能进行信息化服务操作。如果出现违规操作或者不准确操作，将会使消费者受到影响，使消费者得到不愉快的体验，影响酒店效益和效率。

第二节　泰山数字化国际旅游免税购物中心建设建议

旅游免税购物成为当前旅游业发展的一个必然趋势。国际旅游免税购物中心的建立为旅游免税购物提供了依托。旅游消费相对不足成为制约泰山发展的关键因素，旅游产品消费更是制约泰山旅游业发展的"瓶颈"。为此，借鉴韩国济州岛、日本冲绳岛以及海南自由贸易区等实施离岛购物免税政策后效果分析，本研究提出创建数字化国际旅游购物中心免税试验区具有重要意义，可选择泰山作为全国试点，并就此提出一些建议。

在世界旅游产业快速发展大潮中，旅游购物消费已成为国际旅游收入的重要来源，免税购物和购物退税已成为游客的主要消费方式之一，世界免（退）税业正加速集聚、快速扩张与深度融合。免税购物成为国际旅游的重要趋势。国际管理咨询公司奥纬（Oliver Wyman）2018 年发布数据显示，欧美国际购物占旅游消费比重达到 70%，中国占比仅 30%。由此可见，未来我国免税购物、旅游购物潜力与空间巨大，建立以免税购物政策为重点的国际购物中心将有利于国人消费回流。创建数字化国际旅游购物中心免税试验区具有重要意义，可选择泰山作为全国试点，并就此提出一些建议。

一、建设数字化国际旅游购物中心的重要意义

（一）助力境外消费回流，启动消费"新引擎"

消费"外流"导致境内旅游内需不足，特别是导致消费不足。在线旅游

平台携程和中国银联子公司银联国际联合发布的《2019 中国人出境旅游消费报告》显示，2018 年我国居民境外消费达 2773 亿美元，其中 2000 亿美元用于购物，人均消费约 800 美元，购物清单中包括高档商品、日用消费品等。在世界各地免税店购物金额占全球免税店购物总金额的 43%，位居全球首位。与此相比，我国社会消费品零售总额增速逐年回落，从 2010 年的 18.4% 降低到 2019 年上半年的 8.4%。[①] 我国经济增长动力逐渐向消费拉动转变，建设国际旅游购物中心免税试验区，可促进山地旅游、度假旅游与购物旅游深度融合，助力流失境外的巨大购买力回流。

（二）助力"内地旅游购物热"，扩大内地开放

"出境旅游热、入境旅游冷；出境购物热、入境购物冷"已成为当前中国区域旅游服务贸易发展的最大问题之一。近年来，我国居民出境游呈爆发式增长，从 2005 年的 5087 万人次增加到 2015 年的 1.2 亿人次，再到 2019 年的 1.55 亿人次，连续几年位居世界首位。相对而言，入境游增速缓慢。据中国旅游研究院调查数据显示，2005～2019 年，入境游维持在 1.2 亿～1.4 亿人次，无显著变化，与增长迅猛的出境游形成强烈反差。从旅游服务贸易看，我国旅游服务贸易一直处于逆差，2013 年逆差为 769 亿美元，2015 年逆差为 1781 亿美元，2018 年逆差高达 2373.8 亿美元。[②] 借鉴国际自由贸易区、免税区等开发经验，建设国际旅游购物中心免税试验区，进一步提升以泰山为代表的国际影响力的内地区域旅游带，推动内地扩大开放。

（三）助力破解价格倒挂难题，减缓出境购物游

调查显示，我国 2019 年出境旅游购物消费达 1275 亿美元。携程数据显

---

① 中国出境旅游规模消费额持续排世界第一，人均消费英国最高 ［EB/OL］. https：//baijiahao. baidu. com/s？ id = 1651616702343908589&wfr = spider&for = pc.

② 吴小路，左昕. 2005 年以来中国出境游市场状况分析 ［J］. 现代商贸工业，2018，39（15）：53－55.

示，2019 年游客行中消费最多的国家分别是泰国、日本、澳大利亚、马来西亚、新加坡、印度尼西亚、美国、越南、英国和阿联酋。游客在泰国行程中单次消费最低，为 632 元；在英国人均单次消费最高，超过了 3500 元。[①] 基于国内外进口商品存在较大差价，将购物作为最主要目的的出境游客占比80%，日本、韩国、欧盟等购物退税政策促使我国游客"出境游"变成"购物游"。目前，我国进口消费品，特别是奢侈品关税仍在平均 25% 左右的高水平，酒类等高达 50%，加上奢侈品进店的流转税，增加了境内外商品的价格差，这在一定程度上加大了中国游客的外流。因此，创建国际旅游购物中心免税试验区，实行"离区免税"政策，取消部分消费品进口关税及流转税，进一步缩减进口商品境内外差价，对于减缓出境"购物游"具有重要意义。

二、内地数字化国际旅游免税购物中心最佳选址

借鉴中国香港国际免税购物中心实践经验，遵循最短时间、区位易达性，以及"二八""换乘站"等原则。进一步破解购物消费过程的关键制约因素，选择交通便捷、易达性好的位置，20 分钟旅游购物圈客源，30 分钟连接济南、泰山、曲阜等旅游景区；集聚人流、物流、城市社会经济活动聚焦，将购物中心定位于高铁换乘站与"滞留站"。为此，建议选择泰山建设成内地国际旅游免税购物中心，主要有以下几方面原因：

（一）泰山区位优势明显

作为山东港口转内地中转站的泰山同时地处京沪高铁交通要道，京沪高铁连接着京津冀和长三角两大经济圈，纵贯北京、上海、山东等七省份，人口总数占全国人口总数的 22.78%。日均流量从 2011 年的 13.4 万人次升至

---

① 报告：中国出境旅游规模消费额持续排世界第一［EB/OL］. https：//baijiahao. baidu. com/s? id = 1651617432649198176&wfr = spider&for = pc.

2017 年的 50 万人次，提高近 4 倍。京沪高铁自 2011 年 6 月 30 日开通至 2019 年 6 月 30 日，累计开行列车 94.4 万列，年均增长 17.9%；累计运送旅客 10.3 亿人次，年均增长 20.4%，平均客座率从 66.1% 提升到 78.3%，客流量之多为泰山国际旅游免税购物中心提供了足够的客源。

（二）泰山旅游资源优势明显

作为五岳之首，世界自然与文化"双遗产"，泰山是国家重点风景名胜区，有"天下第一山"的美誉。很早以前，泰山周围就被我们祖先所开发，泰山南麓的大汶口文化，北麓的龙山文化遗存，便是佐证。再早还有 5 万年前的新泰人化石遗存和 40 万年前的沂源人化石遗存。战国时期，沿泰山山脉直达黄海边修筑了长约 500 千米的长城，今遗址犹存。泰山与孔子活动有关的景点有孔子登临处坊、望吴圣迹坊、孔子小天下处、孔子庙、瞻鲁台、猛虎沟等。泰山有"五岳之首""五岳独尊"的称誉。古代帝王登基之初、太平之岁，多来泰山举行封禅大典，祭告天地。先秦时期有 72 代君主到泰山封禅；自秦汉至明清，历代皇帝到泰山封禅 27 次。皇帝的封禅活动和雄伟多姿的壮丽景色，历代文化名人纷至泰山进行诗文著述，留下了数以千计的诗文刻石。如孔子的《丘陵歌》、司马迁的《封禅书》、曹植的《飞龙篇》、李白的《泰山吟》、杜甫的《望岳》等诗文，成为中国的传世名篇；天贶殿的宋代壁画、灵岩寺的宋代彩塑罗汉像是稀世珍品；泰山的石刻、碑碣，集中国书法艺术之大成，真草隶篆各体俱全，颜柳欧赵各派毕至，是中国历代书法及石刻艺术的博览馆。泰山文化遗产极为丰富，现存古遗址 97 处，古建筑群 22 处。[①] 悠久的历史、独特的地貌景观和丰富的生物资源，使泰山成为国际旅游休闲度假胜地。

---

① 世界自然与文化遗产——泰山［EB/OL］. http://www.gov.cn/govweb/test/2006 – 03/31/content_241131.htm.

（三）"泰山西湖"与"泰山区域山水林田湖草生态保护修复工程"双翼推动优势

2017 年泰安市规划旅游经济开发区将建设以天平湖为核心脉络，融汇湿地乐活休憩、高端运动休闲、本土文化体验、现代康体养生、国际会议等多功能于一体的"泰山西湖"模式，争创国家级旅游度假区。2018 年国务院批准实施的"泰山区域山水林田湖草生态保护修复工程"，形成"一山两水、两域一线"（泰山、大汶河、小清河，淮河流域、黄河流域和交通干线）总体布局，打造泰山大生态带"山青、水绿、林郁、田沃、湖美"生命共同体。"双翼工程"将助推泰山国际旅游免税购物中心建设。

（四）泰山国际旅游免税购物中心政策优势明显

1992 年，建成东北接"环渤海经济区"；2011 年，建成山东半岛蓝色经济区；2013 年，山东融入"一带一路"建设；2015 年，建设中韩自贸区核心地带和西北接以首都为核心的世界级城市群"京津冀城市群"；2016 年，建成山东半岛国家自主创新示范区；2018 年，山东成为新旧动能转换综合试验区；同时，积极申建中国（山东）自贸区、全力推进中国－上海合作组织地方经贸合作示范区、中日韩地方经贸合作示范区（自贸区）以及连接徐州南北重要交通枢纽等，将会为在泰山建设国际旅游免税购物中心给予一系列先行先试的政策支持，优势明显。

（五）泰山游客逐年增加，泰山国际登山节影响力显著

近年来，泰山旅游业稳定发展，游客逐年增加。境内外游客从 2011 年的 3727.9 万人次增加到 2018 年的 7589.43 万人次；旅游消费总额从 2011 年的 318.7 亿元增加到 2018 年的 847.67 亿元；国内游客从 2011 年的 3692.6 万人次增加到 2017 年的 6855.4 万人次；国内旅游消费总额从 2011 年的 304.6 亿

元增加到 2017 年的 722.7 亿元（见表 3-6）。

表 3-6 　　　　　　　　**2011～2018 年泰安地区旅游业发展现状**

年份	境内外游客		旅游消费总额		国内游客		国内旅游消费总额	
	数量（万人次）	增长率（%）	金额（亿元）	增长率（%）	数量（万人次）	增长率（%）	金额（亿元）	增长率（%）
2011	3727.9	22.2	318.7	25.7	3692.6	22.2	304.6	26.3
2012	4357.1	16.9	387.5	21.7	4316.5	16.9	371.3	21.9
2013	4830.3	10.9	441.7	14.0	4791.8	11.0	427.3	15.1
2014	5311.8	10.0	500.5	13.3	5275.2	10.1	486.6	13.9
2015	5790.4	9.0	582.3	13.9	5753.4	9.1	553.7	13.8
2016	6278.2	8.4	661.64	13.6	6239.7	8.5	629.6	13.7
2017	6894.9	9.8	757.6	14.5	6855.4	9.9	722.7	14.8
2018	7589.43	10.1	847.67	13.4	—	—	—	—

资料来源：泰安市人民政府政务网 ［EB/OL］. http：//www. taian. gov. cn/。

　　根据泰安市文旅局网站显示，泰山国际登山节于 1987 年创办，每年 9 月举行。截止到 2019 年已经举办 33 届，累计有 33 万余名运动员参加。2019年，第 33 届泰山国际登山节暨第 24 届全国全民健身登泰山比赛、第 4 届登泰山万人徒步行活动，共有来自 26 个国家和地区的 15000 余名运动员及登山爱好者参加。第一届泰山国际马拉松赛于 2014 年 11 月 9 日举办，来自俄罗斯、尼日利亚等 18 个国家或地区的 400 名国际选手以及我国 33 个省区市的选手，共计 13856 人参赛；2015 年，共有 15000 人参赛；2016 年，共有18000 人参赛；2017 年，共有 19278 人参赛，2018 年，共有 23000 人参赛；2019 年，共有 25595 人参赛。这些国际体育赛事加快了泰山旅游业的发展，也为泰山内地国际购物中心建设提供了大量客源。

三、建设具有国际竞争力的泰山内地数字化国际旅游免税购物中心的建议

建设内地国际旅游免税购物中心的关键在于突破政策障碍，加大政策扶持，放大离区免税效应，打造与香港岛、济州岛、内地免税区等相媲美的，同时中外游客心仪的内地国际旅游免税区。因此，建议对泰山创建内地国际旅游免税购物中心试验区给予政策支持。

（一）实施离区购物免税政策

不同国家或地区具有不同的免税退税政策，当前世界上多数国家实施"可享受退税的最低限额"免退税政策。例如，澳大利亚规定，游客离境前30天内，在同一家商店购买价值在300澳元以上，可申请退税；法国规定，退税最低限额175欧元。韩国济州岛，离岛免税商品品种共15大类，人均每次免税限额40万韩元，年均免税6次；日本冲绳岛，人均每次免税限额20万日元，无购物次数限制。实施离岛购物免税政策后，韩国济州岛、日本冲绳岛入岛游客人数快速上升。[①] 在国内实践中，当前中国离境退税仅能通过部分银行进行退税。目前，在中国内地的退税代理机构中，北京、上海、四川、安徽、山西等省份选择中国银行下属分行；福建等省份选择兴业银行；广东省选择农行广东分行；深圳市选择中信银行深圳分行；南京市选择南京银行；云南省则选择富滇银行等。在免税退税政策规定上，建议借鉴韩国济州岛、日本冲绳岛、澳大利亚免税区等开发经验，在免税购物限次、限值、限量、限品种等方面给予更加开放的政策。进一步提高购物限额、放宽购物次数、扩大免税品种类、放大免税购物区域、加强进出内地区域交通方式多

---

① 王者风，等. 离岛负税政策对旅游购物行为影响研究——来自三亚国际免税城的证据［J］.中国经贸导刊（中），2019（9）：28–31.

样、增加提货方式便捷性、及时处理提货点纠纷等；合理设置离区免税商品范围和数量，将人均每次消费上限额度定为 2 万元人民币，不设购物次数限制，释放非区内游客在泰山国际旅游免税购物中心免税店的购买力。

（二）对国内外游客购物免（退）税

为吸引更多国内外游客购买国产商品，提升中国制造的知名度，建议针对国内外游客在泰山国际购物中心购物设置合理的免（退）税率与范围，制定相应的购物免（退）税商品目录，探索简洁明了的免（退）税办法，对国内外游客实行免（退）税政策。与欧盟、美国、日本、韩国相比，中国离境退税手续复杂，内容繁多。韩国设立了较多退税点，游客可直接退税获得现金继续进行二次购物；日本规定可直接在购买商城进行退税。因此，建议进一步简化离境退税流程，在游客集中区域增加退税点，通过网络、现场直接兑换现金等多种形式进行退税。

（三）打造济南、泰山数字化协同服务机制

建设济南到泰山专线，实施"二十分钟"协同服务机制。打造游客游览泰山、曲阜"三孔"、济南"七十二泉"等为核心的旅游经济圈，建成集交通、住宿、餐饮、购物等于一体的服务协同机制。以住宿业为例，济南与泰山协同，实施酒店两地区联网机制。为缩短时间，可以约定在一定时间内，游客根据自己由于旅游、购物等所处位置，选择所处地区的协同住宿服务；实施"半小时服务"机制，把游客的所有物品半小时内送往其相对地区协同酒店，实施结账等一体化协同服务。

（四）加强区内免税店数字化政策扶持

积极支持内地国际购物中心免税店网络建设，统筹泰山全域旅游景点与免税店一体化布局，根据"二八原则"，建议在"泰山西湖"与济南相对不

远地区建设内地国际旅游免税购物中心试验区,在景点周边 2 公里半径内设立免税店。与境内外免税大公司合作,发展类型多样、品种丰富的免税店,把泰山旅游、泉城旅游、孔子旅游的"一山、一泉、一圣人"与免税购物结合,扩大离区免税效应。在机场、车站、港口建立与免税店相衔接配套服务系统,大力推进"互联网、大数据、人工智能+免税店",开设网上销售与服务窗口,实现购买与提货、景点与机场(高铁站)、区内与区外服务无缝衔接,使离区购物和免(退)税办理方便快捷。鼓励多层次商贸零售新业态,引进国际专卖店、仓储式超市,以及品牌折扣店、连锁店等,打造大型品牌直销购物中心。

(五)构建集财税、投融资、物流、开放政策于一体的数字化现代支撑体系

以财税政策创新为突破口,实施营业税与所得税"免五减三"制,按照"刷卡消费便利化、资金汇划便利化"要求,建立与国际接轨的现代开放的金融服务体系,加强信贷投入,实施短期融资券、中期票据等更加开放的投融资政策。加强旅游景区和购物点的交通设施建设,建立泰山内外更加开放、便捷的现代交通物流体系。实施离境旅客"山内付款提货,海关离境验放"的通关方式,出台相应的管理制度和管理办法等。

第四章

数字文旅融合实践研究：以丽江为例

随着经济发展、技术进步和产业创新，产业间界限和壁垒逐渐被打破，呈现融合发展趋势，文化产业与旅游产业的融合便是其中一个例证。从中央到各地政府非常重视文化产业与旅游、科技、金融、互联网等产业融合，并相继出台了一系列的相关政策。文化是旅游的灵魂，旅游是文化的载体。旅游是文化实现产业化的一种重要方式和途径，文化则为旅游产业品质的提升提供源源不断的动力。文化产业与旅游产业作为国民经济着力发展的两大支柱性产业，基于文化资源、文化产品、文化创意、文化消费者等方面的共通性，其融合、渗透现象早已存在。两者逐渐突破产业边界而融合发展，形成交叉产业、新兴业态，延展了各自的产业边界，丰富了产业发展内容。

文化产业与旅游产业的边界开放性和模糊性为二者的融合发展提供了可能。国家促进文化产业与旅游产业融合发展政策陆续出台，为两大产业间交叉、渗透和融合发展提供外力的支撑和推动。文旅产业融合作为一种新的模式和业态，在推动资源的整合、产品的创新和产业的融合等方面具有无可替代的功能。推动文化和旅游产业同步提质增效和转型升级，通过产品创新和资源整合，促进产业全链条、多方位深度融合，达到资源共享、优势互补、同步发展效应；结合地方区位条件和文旅产业实际，打造独具当地特色的文旅产业融合模式，探索适合当地发展的道路，并形成可供我国其他地方借鉴的经验。

第一节　丽江数字文旅融合发展制约因素研究

丽江位于云南西北部，自然资源丰富，民族风情多彩，文化资源独特。根据云南省丽江市人民政府网显示，在这片 2.06 万平方千米的土地上，生活着纳西、彝、藏、白、傈僳、普米等 12 个少数民族，辖一区四县，总人口 129 万。20 世纪 90 年代初，丽江地方政府认识到自身的资源条件优势，确立了优先发展旅游的战略。经过 30 年的发展，丽江已从名不见经传的边陲小镇成为蜚声海内外的旅游名市。随着知名度的不断扩大，丽江旅游人数快速增长，从 1995～2018 年，游客接待量增长了 54.95 倍，旅游业总收入增长了 302.56 倍。

根据云南省丽江市文旅局网站显示，20 世纪 90 年代，丽江旅游业发展前，古城内只有几家小型旅馆、招待所。至 1998 年，丽江古城已拥有 9 家旅行社，导游人员 420 人；涉外宾馆 36 家，客房总数 2876 间，床位总数 5985 个，接待能力 6000 人次/天。据古城管委会的统计，至 2003 年 9 月，古城内已有的酒店及客栈有 135 户、床位上万张，古城内正常营业的餐厅有 112 户，各种旅游产品门面商店 807 家。据古城保护管理局提供的数据，截至 2019 年

8月，丽江古城各商业街区现共有经营户 5274 户，除去玉河走廊商业区内 133 户经营户，仍有经营户 5141 户。其中：客栈 1451 户，餐饮 561 户，酒吧 149 户，茶吧、咖啡吧 42 户，手鼓店 63 户，散客接待点 70 户，银制品店 211 户，鲜花饼店 113 户，其他类 2481 户。2003～2019 年，从事酒店客栈经营的商户数增长了近 11 倍，从事餐饮的商户增长了近 5 倍。

为深入了解影响丽江数字文旅融合发展制约因素，获取第一手资料，课题组多次到丽江古城，与古城中的各种经营商户进行深入交流，并于 2021 年 2～3 月，有针对性地选取了 19 位旅游企业主体进行深入访谈。访谈内容涉及数字旅游企业主经营动机、雇员情况、经营收入情况、融入丽江本地文化情况等。为进一步精准掌握当前丽江古城中的旅游企业数字化经营过程中存在的问题，明确推动数字化经营发展的举措，课题组以到丽江游客为调查对象，发放调查问卷 100 份，回收问卷 89 份，其中有效问卷 80 份。

一、企业因素

（一）旅游企业数字化经营主要内部影响因素

从表 4－1、表 4－2 可以看出，无论从企业主视角还是游客视角，影响旅游企业数字化可持续经营的重要影响因素依次是"彰显本地文化特色""创新创意""适应消费者需求"。"彰显本地文化特色"成为首要影响因素，从其内因方面考虑，本研究主要探讨文化对丽江数字文旅产业融合的影响。

表 4－1　　　　旅游企业数字化经营的影响因素（企业主视角）

选项	数量（人）	比例（%）
A. 彰显本地文化特色	14	73.68
B. 创新创意	10	52.63

选项	数量（人）	比例（%）
C. 适应消费者需求	10	52.63
D. 获得政府支持	9	47.37
E. 经营管理经验	7	36.84
F. 营销手段	6	31.58

资料来源：根据调查问卷整理而得。

表 4 - 2   旅游企业数字化经营的影响因素（游客视角）

选项	数量（人）	比例（%）
A. 彰显本地文化特色	67	83.75
B. 创新创意	65	81.25
C. 适应消费者需求	58	72.5
D. 获得政府支持	21	26.25
E. 经营管理经验	42	52.5
F. 营销手段	27	33.75

资料来源：根据调查问卷整理而得。

（二）文化对旅游企业数字化经营活动的影响程度

如表 4 - 3、表 4 - 4 所示，无论从企业主视角还是游客视角均认为彰显丽江本地文化特色对旅游企业数字化经营活动的影响程度为"非常重要"和"重要"。这与现实状况中丽江本地文化特色产品在市场中占比偏低形成了鲜明的对比。为何认为重要，但却不参与其中，课题组认为与政府部门的政策引导、倾斜以及扶持力度不够有很大关系。

表4-3 丽江本地文化特色对数字化经营活动的影响程度（企业主视角）

选项	数量（人）	比例（%）
A. 非常重要	11	57.89
B. 重要	8	42.11
C. 一般	0	0
D. 不重要	0	0

资料来源：根据调查问卷整理而得。

表4-4 丽江本地文化特色对数字化经营活动的影响程度（游客视角）

选项	数量（人）	比例（%）
A. 非常重要	39	48.75
B. 重要	37	46.25
C. 一般	4	5
D. 不重要	0	0

资料来源：根据调查问卷整理而得。

（三）旅游企业主对文化融入的倾向性选择

如表4-5所示，当旅游企业主被问及"是否愿意在经营中融入丽江本地文化元素"时，所有企业主均表示愿意融入，有10位企业主是因为热爱丽江的本地文化，愿意承担起保护和传承纳西本地文化的社会责任；有9位企业主是因为看中其中的赚钱机会，认为融入纳西文化能够增强经营商品或者提供服务的吸引力。

表4-5 融入本地文化倾向性选择（企业主视角）

选项	数量（人）	比例（%）
A. 愿意	19	100
B. 不愿意，原因	0	0

资料来源：根据调查问卷整理而得。

如表 4 - 6 所示，当被问及是否愿意雇用会讲纳西话的本地人，以增强企业的本地文化氛围时，有 4 人表示不愿意。原因基本在于文化差异会导致在人员管理上有一定难度。有 15 人表示愿意，觉得可以更好彰显丽江本土纳西文化。

表 4 - 6 　　　　　　　　雇用纳西族的倾向性选择（企业主视角）

选项	数量（人）	比例（%）
A. 愿意	15	78.95
B. 不愿意	4	21.05

资料来源：根据调查问卷整理而得。

二、市场因素

（一）市场价格因素

当问及企业目前的经营障碍时，19 位企业主中有 15 人回答首要障碍是"房屋租金"，说明随着丽江文旅产业融合快速发展，丽江古城游客数量居高不下，受到经济利益的驱使，古城房屋所有者增加了房租。个别古城房屋所有者甚至不惜临时毁约，要求翻倍涨价，哪怕与租客打起官司。租金的"虚高"来自丽江旅游火热后的房屋炒作，访谈中经营客栈的多位企业主表示"一些商铺或客栈，已转手五六次，赚到钱的人走了，最后的烫手山芋，丢给了现在的人。租金也从最初的几万块涨到现在的几十万，而且租房合同也越签越短"。古城中的房租价格虚高，特别是客流量集中的主要街区，加大了旅游企业数字化经营压力，增加了经营成本。为了维持经营，旅游企业不得不提高商品价格或者降低产品质量标准，造成古城中主要街区的商品价格普遍虚高、质价不符。游客消费欲望下降，商家经营压力加大，呈现经营活动持续性弱的特点，见表 4 - 7。

表4-7 旅游企业数字化经营障碍（企业主视角）

选项	数量（人）	比例（%）
A. 房屋租金	15	78.95
B. 游客消费偏好	10	52.63
C. 政府对于企业的扶持力度	14	73.68
D. 产品的文化特性	7	36.84
F. 游客数量	10	52.63

资料来源：根据调查问卷整理而得。

（二）旅游消费者需求状况

当企业主被问及游客在购买旅游商品时会选择的商品类型时，回答最多的为"既实用又有丽江本地文化特色的商品"，占比73.68%；其次为"彰显丽江本地文化的独特商品"，占比52.63%（如表4-8所示）。游客的选择与企业主基本一致（如表4-9所示），在选择会购买的商品时，排在第一位的是"彰显丽江本地文化的独特商品"，占比87.50%，其次是"既实用又有丽江本地文化特色的商品"，占比78.75%；选择会购买"无特色的大众旅游纪念品"的占比仅为1.25%，说明游客更愿意为本地民族特色商品买单。

表4-8 购买商品倾向性选择（企业主视角）

选项	数量（人）	比例（%）
A. 无特色的大众旅游纪念品	2	10.53
B. 彰显丽江本地文化的独特商品	10	52.63
C. 既实用又有丽江本地文化特色的商品	14	73.68
D. 代表其他地区文化特色的商品	3	15.79
E. 有创意但无丽江本地文化特色的商品	5	26.32
F. 其他	0	0

资料来源：根据调查问卷整理而得。

表 4 – 9　　　　　　　　购买商品倾向性选择（游客视角）

游客会选择购买的商品	数量（人）	比例（%）
A. 无特色的大众旅游纪念品	1	1.25
B. 彰显丽江本地文化的独特商品	70	87.50
C. 既实用又有丽江本地文化特色的商品	63	78.75
D. 代表其他地区文化特色的商品	18	22.50
E. 有创意但无丽江本地文化特色的商品	15	18.75
F. 其他	1	1.25

资料来源：根据调查问卷整理而得。

但在实际情况下，游客购买商品往往将价格与质量因素考虑其中。"彰显丽江本地文化的独特商品"价格偏高，超出绝大部分游客的消费能力和范围；"既实用又有丽江本地文化特色的商品"需要将丽江的本地文化特色商业化运作与品牌化运作，创新创意。但从前期研发到宣传推广再到直接销售，需要投入大量资金、技术和人力资本。还存在精心研发的产品被价格低廉、品质差的类似产品、"山寨产品"所挤压。对于数字旅游企业而言，风险加大。政府如何鼓励扶持数字旅游企业开发具有本地文化特色产品，并进行市场化运作是目前亟待解决的问题。

三、政府因素

（一）对创业环境的影响

旅游业的特殊性在于中小旅游企业占比较高，且受环境影响较大。合适的创业环境有利于中小旅游企业，特别是旅行社等的发展。丽江古城生态环境极其脆弱，自然、文化生态环境经不起破坏。正如前面笔者对数字旅游企业主访谈调查所了解到的情况一样，丽江得天独厚的气候、自然、人文资源等自然旅游资源吸引着全国各地的旅游者。优美的自然风光和适宜的气候条件成为众多数字旅游企业经营者的经营和创业动机。环境资源保护离不开政府部门的正确决策和引导。

（二）对营商环境的影响

营商环境包括旅游企业经营外围的诸多因素，如管理规范、基础设施条件、安保条件、融资政策等。这些影响因素离不开政府部门的宏观政策和管理调控。丽江古城保护管理形成"丽江模式"。丽江古城的保护管理工作由世界文化遗产丽江古城保护管理局（简称"古管局"）统筹。具体来讲，古管局负责古城的基础设施建设、专项规划、环境整治、旅游服务管理、旅游安全、古维费征缴、民族文化保护、景观用水、市场准入监管、商业网点布局等工作。丽江古城管理有限责任公司作为经营主体，采用企业化运作的模式履行古城内国有资产的管理经营、基础设施建设项目等职能职责。从古管局职能职责可以看出，古管局与住建局、环保局、文旅局、水务局、市场监管局等多个拥有管理权限的管理部门职能职责交叉重叠，容易出现管理重复、令出多门等问题，对数字旅游企业的管理部门太多，规范不统一，政策需要经多方确认、多方协调，难以落实到位。管理部门职权范围重叠，面对数字旅游企业经营诉求，也会发生各部门互相推诿、管理"真空"现象。

同时，《丽江大研古城市场经营项目准入退出管理暂行办法》要求经营者在管理范围内从事经营活动的，应当遵纪守法、诚信经营、亮证经营、文明服务，切实维护好消费者的合法权益。严禁欺客、宰客、拉客，严禁使用恶意手段低价竞争，严禁一切违法违规扰乱古城旅游市场经营秩序的行为。但在实际经营过程中，不正当竞争、不明码标价、超规范经营、恶意欺诈游客等违法经营问题时有发生。古城经营活动处于遗产地，作为景区，除了古管局，涉及市场监管部门、文旅部门等多个职能部门间的统筹协调，如何分工协作、密切配合、加大惩治违法力度和综合整治力度也成为一大难点。

第二节　丽江数字文旅融合发展现存问题

一、本地特色不足，吸引力降低

访谈的 19 位经营户雇员人数均在 50 人及以下，符合数字旅游企业的规模要求（见表 4 - 10）。多数雇员人数在 5 人及以下，说明古城数字旅游企业规模较小，以自我雇用型、小型雇用型为主。从访谈的数字文旅企业经营者样本中可知，丽江古城数字文旅企业主外地人居多，企业老板置换较为严重。究其原因，主要在于古城中的本地人在经济利益驱使下，考虑到生活便利性，依靠收取较高的古城房屋租金外迁到新城生活。当地社区居民在资金技术、管理经验、信息渠道等方面均处于劣势，古城中原先从事经营活动的本地商户也逐渐被外来商户"挤出"古城。古城文旅行业经营者置换较为严重。古城中文化原真性伴随着本地人的不断外迁逐步丧失。走在古城仿佛身在异乡，古城商铺因外地人经营，经营产品多为外来文化产品，对于游客来说吸引力减弱，购买欲降低。

表 4 - 10　　　　　　　　数字文旅企业经营户雇员人数

选项	数量（人）	比例（%）
A. 1~5 人	12	63.16
B. 6~10 人	5	26.32
C. 11~20 人	1	5.26
D. 21~50 人	1	5.26
E. 51~100 人	0	0

资料来源：根据调查问卷整理而得。

二、从业经验不足，经营持续性弱

如表4－11所示，访谈的19位数字文旅企业主中，主营业务为住宿的最多，其次是餐饮、工艺品和土特产。多数数字文旅企业主表示，当前古城中低端住宿、餐饮、购物产品过多，外来产品过多，本地文化特色不鲜明，中高端的体验性、品质性产品占比偏低，低端产品竞争激烈。访谈中还发现，为降低经营风险，多数数字文旅企业实施多元化经营。经营住宿的同时提供餐饮服务，工艺品、土特产、服饰类等融入旅游行业中。丽江传统工艺产品很多，生产过程颇具地方特色，但因制作成本高、生产过程烦琐，价格比较高。相比其他现代工艺生产的同类产品，处于竞争劣势，甚至面临生存的问题。从业者缺乏经营管理经验，对市场需求信息了解不足，不能及时转变经营理念和营销手段，使很多纳西本地特色产品，因不能适应日益激烈的市场竞争，逐步退出市场舞台。很多数字文旅企业呈现出经营持续性弱的特征。例如，纳西族传统的手工艺品（如铜器），颇具地方文化特色，但由于不能找准自身竞争优势，逐步被现代工艺生产的铜器所取代，所以现在几乎见不到纳西族传统工艺生产的铜器。

表4－11　　　　　　　　　**数字文旅企业经营者样本特征**

选项	数量（人）	比例（%）
A. 住宿	9	47.37
B. 餐饮	5	26.32
C. 休闲娱乐	2	10.53
D. 工艺品	5	26.32
E. 土特产	5	26.32
F. 服饰类	3	15.79
G. 其他	1	5.26

资料来源：根据调查问卷整理而得。

三、产品同质化，文化品位不足

如表 4-12 所示，游客觉得"各种文化混在一起，有一部分是丽江本地文化"占比高达 50%，说明丽江古城数字文旅企业多元文化融合现象突出，本地文化特色产品占比偏低。古城内数字文旅企业经营的旅游产品多为缺乏文化品位的大众低端旅游产品。经营产品同质化问题突出。文旅产品也多不是丽江本地文化产品，而是其他民族文化的产品，如随处可见的手鼓店售卖的是非洲手鼓，银器店多为新华银器；民族服饰店里经营的多数为白族、藏族服饰及苗族刺绣等。数字文旅企业经营本地纳西族服饰的很少，而且这些带有纳西传统文化特色的文旅产品多数由外地厂家进行生产，能够彰显丽江本地文化特色品质的数字文旅产品开发力度不足，市场占比偏低。

表 4-12 数字文旅企业经营特色（游客视角）

选项	数量（人）	比例（%）
A. 有很多是以丽江本地文化特色为最大卖点的	20	25
B. 有很多民族文化元素的成分，但不是丽江本地文化	12	15
C. 各种文化混在一起，有一部分是丽江本地文化	40	50
D. 觉得很有特色，但搞不清楚属于什么文化	8	10

资料来源：根据调查问卷整理而得。

四、文旅融合不够，文化消费占比低

在对游客进行"您觉得古城中的数字文旅企业在经营中是否融入了丽江本地文化元素"的调查来看，有 25% 的游客认为有很多数字文旅企业是以丽江本地文化特色为最大卖点的；比起数字文旅企业经营者的回答，占比还要偏低，原因在于游客更多地从直观感受进行评价，优先考虑商品售卖类及餐饮类经营特色。如表4-13所示，游客认为最能体现丽江本地文化特色的产品类型依次为服饰类、工艺品类、土特产类、餐饮类，而住宿类仅位列第五位。特色民宿是体现纳西特色的重要组成部分，但在直观感受评价中却容易被游客忽视。当前古城中数字文旅企业仍以经营中低端的餐饮、住宿和购物为主，食品类产品以及外来旅游纪念品比重过高。真正彰显古城内涵韵味的数字文旅产品比重偏低，数字文旅融合不够。丽江古城商业化氛围较浓，古城文化内涵逐渐被商业气息所掩盖，游客可观、可感且兼具深度、内涵的文化体验较少。游客游览时间和停留时间变短，降低了消费水平和旅游产业整体收益。

表4-13   **最能体现文化特色的产品类型（游客视角）**

选项	数量（人）	比例（%）
A. 住宿	48	60.00
B. 餐饮	49	61.25
C. 休闲娱乐	25	31.25
D. 工艺品	65	81.25
E. 土特产	59	73.75
F. 服饰类	67	83.75
G. 其他	1	1.25

资料来源：根据调查问卷整理而得。

五、创新动能不足，品牌保护意识薄弱

由于丽江古城中数字文旅企业多为生活方式型及多目标性，追求创新动能不足。扩张意愿不强，品牌意识淡薄，资金力量较为薄弱，专业技术缺乏。由于开发新产品前期投入较大、风险高，新产品易被模仿，数字文旅企业多不愿意投入资金进行数字文旅产品的创新开发。

六、市场竞争激烈，低价恶性竞争

如表 4 – 14 所示，当被问及数字文旅企业发展前景时，表示"充满希望，会一直做下去"的仅有 5 人，表示"勉强维持，走一步算一步"的有 7 人，表示"不太乐观，打算退出"的有 6 人，表示"个人爱好，在能力范围内会一直经营下去"的有 1 人。当问及企业当前收入状况时，数字文旅企业主均不愿透露具体收入数额，但多数表示，钱越来越难赚，经营压力越来越大。表示经营状况良好、很好的仅有 2 人，说明古城中多数数字文旅企业经营状况不容乐观，亟待采取有力措施改善经营状况。当问及导致现在的经营状况不太乐观的原因时，多位受访对象表示最重要的原因在于市场管理不规范、政府监管不到位、古城中产品同质化严重、低价恶性竞争、游客消费低端化，加上房租居高不下、经营成本上行，经营压力增大。数字文旅企业为抢占有限的市场采取低价竞争，利润空间越来越小。商家为尽量降低产品成本，造成产品品质下降、服务不足、以次充好。不愿降低成本、以次充好的商家因没有价格优势，面临生存经营的困境。

表 4 – 14　　　　　　数字文旅企业经营状况（企业主视角）

选项	数量（家）	比例（％）
A. 充满希望，会一直做下去	5	26.32
B. 勉强维持，走一步算一步	7	36.84
C. 不太乐观，打算退出	6	31.58
D. 个人爱好，在能力范围内会一直经营下去	1	5.26

资料来源：根据调查问卷整理而得。

第三节　丽江数字文旅融合发展对策

一、政府方面

（一）加强宏观管控，改善经营条件

1. 创造良好的数字文旅创业环境

古城中数字文旅企业主大多为外来经营者，比起本地居民，对古城的社会责任意识和保护意识要弱很多，特别是一些以挣钱为目的的商业型旅游企业，更是不惜以破坏古城人文景观、自然环境为代价获取利润。对于古城人口置换较为严重的现实状况，政府部门应该区别对待，针对本地居民、不同类别的外来商户分类采取有效措施，规范本地居民和"新丽江人"的经营行为和生活行为，增强社会责任意识和古城保护意识。只有政府主导，带动古城中新旧"丽江人"共同参与，保护好古城优越的自然环境和人文的原始风貌，才能持续彰显古城世界文化遗产地的独特魅力，推动丽江古城旅游业的可持续健康发展，也才能为旅游企业提供好的创业环境。

2. 构建良好的数字文旅营商环境

"数智化"数字营商环境有效助力数字文旅企业营造透明、公平、高效的政务与商务服务体系。数字信息科技的"数"，智能化、智慧化应用的"智"，把数字文旅最新科技成果与应用、手段、目的有效结合，发展数字文旅经济，建设数字文旅社会。与传统营商环境相比，数字文旅营商环境助力

办事审批过程公开透明化，提升政务服务绩效评估考核的标准化程度和可持续性，建立政务服务和营商环境评价的全社会多元参与机制。数字文旅企业作为丽江古城旅游产业的重要组成部分，是丽江本地文化与外来文化碰撞交融的汇集地，正在以自己独特的方式影响和改变着古城的文化和旅游数字融合。

（二）深化数字文旅融合，拉动文化消费

政府部门从整体规划布局、政策引导、整合营销等方面推动丽江古城旅游企业文旅融合，凸显古城商业文化特色符号，提高游客数字文旅消费意识，推进丽江古城数字文旅可持续发展。

1. 重塑数字文旅品牌形象，拉动数字文旅消费

将丽江古城"艳遇之都"这一噱头式的市场形象重新定位，找准古城数字文旅吸引点，重塑数字文旅品牌形象，选择适合的数字文旅营销策略。将古城旅游吸引点回归本地特色纳西文化、东巴文化及民风民俗，以政府部门为主导，制订古城数字文旅的整体营销方案。整合数字文旅营销资源，开展数字文旅整合营销、精准营销。激发游客的文化出游动机，引导游客树立数字文旅消费意识，大力推崇文化品质游、精品游，提高消费水平。

2. 做好总体规划，优化商业业态布局，凸显文化板块

针对当前古城商业业态布局不合理、文化板块区分不明显、各种商业业态相互交叉等弊端，依托丽江古城数字文旅经营项目准入、退出管理机制，分类扶持引导数字文旅业态聚集，构建文化展示、文化消费、生活服务、旅游服务四个数字文旅板块。文化展示板块，围绕纳西文化，在文化景点外围，合理布局能够展现丽江传统手工艺的本地特色业态；文化消费板块，围绕文化消费，结合现代游客消费特点，在中心三角区域合理布局文化休闲、文化

消费、文化创意业态；生活服务板块，围绕构建传统纳西本地居民生活区域为核心，将古城中原有的日常生活服务业聚集到纳西族居民聚集区，让游客体验本地居民的原味生活；旅游服务板块，以为游客提供基本旅游服务为核心，在古城边缘区域合理布局餐饮、住宿等旅游服务业态。

二、市场方面

（一）价格管控，规范数字文旅经营从业行为

加强价格管控，针对古城内餐饮消费价格偏高问题，政府部门应采取有效调控措施，限制物价，规范消费市场。针对古城中"房屋租金"偏高造成的物价偏高问题，政府部门加强宏观干预，严厉打击价格虚高、房屋炒作等违背市场原则的投机行为。加强监管力度，实行诚信经营管理，规范数字文旅企业主经营行为，加大执法力度，严肃查处欺客宰客、恶意竞争、不明码标价行为。建立数字文旅企业服务质量诚信评价机制，确保古城数字文旅企业营商环境健康有序发展。数字文旅企业本身资金力量薄弱，抗风险能力较差，加强数字文旅企业间合作机制，统筹数字文旅资源配置，为数字文旅企业经营发展提供好的政策指导和资金扶持。数字文旅企业应考虑长远，倡导诚信经营理念，自觉抵制不正当竞争、恶性竞争等经营行为，维护好丽江古城商品市场的口碑和对外整体形象。

（二）政府引导，不断改善数字文旅供给结构

政府应积极引导，出台鼓励扶持政策，不断改善数字文旅市场供给结构。以古城总体发规划为指导，积极推动丽江古城保护规划、传统商业文化保护管理专项规划等落地实施。以保护古城历史文化、民族艺术，展现纳西民风民俗为核心，加强丽江古城的商业业态合理规划与配比。不断提高民族文化

产品在数字文旅产品中的比重。数字化文旅产品展现民族文化特色，创新数字文旅产品，包括民族文化展示传承、民族服装、东巴披肩、东巴挂毯、土特产等。以政府引导和市场机制运营数字文旅产品，走数字文旅产品品质化、品牌化道路，不断提升数字文旅产品综合竞争力，提高数字文旅消费占比。

三、企业方面

（一）彰显数字文旅特色，提升竞争实力

数字文旅经营主体经营决策往往决定数字文旅企业经营成功与否。古城中的数字文旅企业主大多为外地人，出于不同动机来到丽江经营，并不是以盈利为唯一目标。为实现数字文旅企业长久良性经营理念，在古城本地居民主体被外来人口置换与古城旅游符号化短期内不可逆转背景下，古城本地居民的文化特色更多通过数字文旅商业模式和旅游景观来呈现，包括纳西传统工艺、饮食、音乐、服饰、节庆活动等。数字文旅企业应从长远利益出发，彰显丽江本地特色文化重要性，以拉动游客数字文旅产品消费为目的，积极参与到具有文化底蕴、体现地方特色的产品经营活动中来。

1. 提升数字文旅本地文化意识

外来数字文旅企业主体积极融入政府部门组织的本地优秀文化培训教育，领会纳西语、纳西文化及民俗文化精髓。树立培养"爱丽江、护丽江"情怀。深刻意识到将本地纳西文化融入文旅企业经营理念中的重要性，贯穿于生产经营管理活动当中。独具特色的纳西优秀传统文化融入的文旅产品持久吸引旅游者光顾，实现可持续发展。承担社会责任，雇用本地会讲纳西话的员工，增加本地就业，提升就业环境，缓解当地就业压力，综合提升数字文旅企业竞争力。剔除低级趣味的旅游消费品，最大限度降低对本地文化的负面影响。

2. 深入挖掘文化特色

丽江古城数字文旅商品市场存在大量所谓的特色商品，但是，数字文旅产品质量差、层次低，游客购买欲望低、消费水平低。丽江文化资源丰富、文化特色鲜明，但数字文旅产业开发不足。数字文旅企业要在政府部门正确引导、布局设计及政策扶持下，深入挖掘具有丽江本地文化和民间工艺特色的数字文旅产品。开发既符合消费者需求，又极具地方特色的数字文旅产品，将富有特色和创意、受游客欢迎、丰富多彩的数字文旅产品输入市场。注重数字文旅产品质量把控，提升数字文旅产品层次，开发出真正能够代表丽江、有识别度的数字文旅产品。

同时，数字文旅企业品牌保护意识较弱，独创性、原创性产品经人力、财力及时间成本投入走向市场后，一旦受到市场欢迎，跟风、复制的产品很快就会出现，且价格较便宜。开发数字文旅企业由于前期投入成本高，价格不占优势，市场竞争压力大，很大程度上打击了数字文旅企业开发新产品的积极性。为此，数字文旅企业应提高数字文旅产品保护意识，积极打造数字文旅自主品牌，申请商标注册和产品专利。强化政府部门大力支持，给予数字文旅企业相应的保护、扶持、奖励政策，大力激活数字文旅企业的创新创造潜能，不断开发出代表丽江本地文化特色和传统工艺的系列数字文旅产品，开发出兼具实用性、特色性、实惠性、品质性的"丽江制造"数字文旅产品。

（二）转变数字文旅发展理念，推动高质量经营

旅游企业在经营活动中除了凸显文旅融合特色外，还应该适应现代消费观念的发展潮流，采取相应的经营战略，降低经营风险，推进高质量发展。

1. 倡导体验式供给理念

伴着体验式旅游的发展，体验式旅游消费也同步快速发展，目前，游客

不再是走马观花似的传统消费理念，而是更加注重体验性，购买一个产品，会对它是怎么来的、有什么特殊的含义产生极大的兴趣，特别是在丽江古城这样的文化古镇，所售卖的产品，游客更加关注其所具有的文化内涵、生产工艺等，旅游企业应该顺应时代发展的潮流，不再单纯提供产品售卖，而是要将游客体验理念融入其中，提供体验式产品供给。如铜器生产，虽然传统工艺制作速度慢、制作成本高，不具有竞争优势，但可通过展示制作工艺、让游客参与制作过程等方式，增加游客感受，提升产品的附加价值，增强产品的竞争力。

2. 采取有效的数字文旅经营战略

在竞争激烈的数字文旅市场中，数字文旅企业对未来规划具有盲目性，自主生存能力有限，要想在激烈的市场竞争中求得生存和取得长远的发展，数字文旅企业就要精准定位，扬长避短，采取有效的经营策略。数字文旅企业提供的产品和服务应避免产品同质化，应采取差异化经营战略，本着"人无我有，人有我优"理念，寻求差异化的数字文旅产品和服务，增强吸引力。同时，为降低经营风险，力争实施多元化战略，例如，经营住宿的同时提供餐饮服务，兼具工艺品、土特产、服饰类等经营；借助现代营销手段，如通过电商平台进行网上销售，拓展多元化数字文旅产品业务链。

第五章

数字文旅融合比较研究：以"泰华衡恒嵩"五岳景区为例

首先，游客满意度测评是促进景区旅游优化的重要手段。随着中国进入全域旅游时代，旅游业作为国民经济新的增长点地位得到进一步巩固和发展。中国旅游研究院（文化和旅游部数据中心）2020年3月10日发布《2019年旅游市场基本情况》显示，2019年我国旅游经济继续保持高速增长。2019年，国内旅游人数达60.06亿人次，同比增长8.4%；旅游总收入6.63万亿元，同比增长11%；旅游业对GDP的综合贡献为10.94万亿元，占GDP总量的11.05%；旅游直接就业2825万人，旅游直接和间接就业人数合计7987万人，占全国就业总人口的10.31%。国内旅游游客中，城镇居民44.71亿人次，增长

8.5%；农村居民 15.35 亿人次，增长 8.1%。国内旅游收入中，城镇居民花费 4.75 万亿元，增长 11.6%；农村居民花费 0.97 万亿元，增长 12.1%。2019 年，入境旅游人数 1.45 亿人次，比上一年同期增长 2.9%；收入 1313 亿美元，比上一年同期增长 3.3%。具体来看，入境游客人数中亚洲占 75.9%、美洲占 7.7%、欧洲占 13.2%、大洋洲占 1.9%、非洲占 1.4%。2019 年，我国公民出境旅游人数达到 1.55 亿人次，同比增长 3.3%。[①] 然而，在我国旅游业蓬勃发展背景下，旅游业也逐渐显示出了一些疲态，例如，发展后劲不足，旅游产业结构不够合理，旅游资源开发不够科学，旅游交通不够通畅，旅游基础设施不够完善，旅游产品缺乏特色等，这些都将导致游客在旅游的过程中产生不愉快的感受，即对旅游景区的满意度不高。在旅游业蓬勃发展的同时，如何实现景区的可持续发展、如何形成稳定的游客流、如何打造景区的核心竞争力是我们值得关注的问题。游客对旅游景区满意程度在很大程度上会影响我国旅游业未来的发展走势，特别是新冠肺炎疫情背景下，游客满意度测评更是当代旅游学术界迫切需要深入研究的热点问题。

其次，景区旅游优化是提高景区游客满意度的重要方法。作为一种高层次人类行为活动，游客通过旅游获得休闲、娱乐、度假、探亲访友、商务访问、健康医疗、宗教朝拜等高质量体验。独特精神体验、文化异质间交流、历史与地域差异、丰富多彩民族风情等凸显旅游所特有的魅力，吸引着旅游者不断探索与体验。市场在变化，旅游市场更是在瞬息万变之中，旅游资源、旅游形式、旅游目的地、旅游新技术等伴随云计算、大数据、人工智能等提出更高要求，游客追求更高质量的旅游体验。游客对于旅游资源、旅游形式、旅游目的地、旅游目的的选择等都处在一个不断变化的过程中，也就是说市场是不断变化的，作为旅游这一独特商品的"供给者"——景区，就必须掌握"需求者"——游客的需求变化，同时结合这一变化对景区的旅游发展进行优化研

---

① 2019 年中国国内游超 60 亿人次 全年旅游收入 6.63 万亿［EB/OL］https：//baijiahao. baidu. com/s？ id = 1670054825990322195&wfr = spider&for = pc.

究。因此，景区旅游优化策略研究是不断提升游客对景区满意程度的重要方法，增强景区的吸引力，对促进景区优化升级具有重要意义。

最后，不同旅游景区的比较能够取长补短，促进本地区旅游景区快速发展。泰山作为五岳之首，泰山景区发展面临旅游资源开发重点不突出、特色不明显、客源不稳定、忠诚度不高、旅游产业链条结构不完善等问题，相对于其他"四岳"的发展出现了一定困境。2019 年 12 月，泰山学院旅游管理教学团队调查显示，能够在泰山体验泰山文化满足的仅仅占 13.6%；51% 的游客在泰山消费额处于 200～500 元之间，32% 的游客在泰山消费额在 200 元以下，13% 的游客在泰山消费额在 500～1000 元之间，在泰山消费额在 1000 元以上的游客仅占 4%。游客在旅游中关注的要素中，购物娱乐占比较大。2019 年，泰山景区接待进山进景点游客 567.9 万人次，同比增长 1.04%，其中进山游客 417.6 万人次，同比增长 1.28%，泰山旅游继续保持升温势头。2019 年南岳衡山景区累计接待游客 1316.37 万人次，同比增长 13.07%；实现旅游总收入 113.52 亿元，同比增长 13.05%。2017 年，全区旅游接待、旅游总收入分别突破 1000 万人次、80 亿元大关。① 与其他"四岳"相比，泰山消费较低。因此，基于游客满意度视角展开研究对于促进泰山旅游发展与结构优化具有十分重要的理论价值与实践意义。

第一节　"五岳"景区文旅资源比较研究

一、北岳恒山文旅资源

北岳恒山风景区距大同市约 80 公里，位于山西省大同市浑源县，旅游资

---

① 建区 35 年湖南南岳旅游收入翻了三千倍 [EB/OL]. https：//baijiahao. baidu. com/s？id = 1680699578412747745&wfr = spider&for = pc.

源十分丰富。1982 年，国务院将悬空寺列为首批"国家级重点风景名胜区"，成为全国重点文物保护单位。2002 年，北岳恒山风景区荣膺"国家 AAAA 级旅游区"称号，2009 年入选国家自然和文化双遗产名录，2015 年，入围"第十二届中外避暑旅游口碑金榜"。中国大同"云冈·恒山旅游节"是由山西省旅游局、大同市人民政府主办的一项大型节庆活动，创办于 2000 年，每年 8 月在大同市举行一届，历时 10 天，是大同人民与海内外人士相互交流、增进友谊、共谋发展的纽带和桥梁，已成为大同市固定的节庆活动。大同古称平城、云中，自古以来就是北方重镇，为兵家必争之地。气势雄伟的云冈石窟是中国现存规模最大的石窟群之一，与敦煌石窟、龙门石窟并列为中国三大石窟。著名的道教圣地和旅游胜地恒山，被誉为"塞外第一山"，也是山西省十佳旅游景点之一。"云冈·恒山旅游节"就是以云冈石窟、北岳恒山这两大品牌景点为依托举办的。活动内容包括大型巡游表演、隆重热烈的开幕式晚会、以威风锣鼓为代表的民俗表演、大型消夏文艺晚会、精彩纷呈的体育赛事、广场文化活动、美食节、旅游资源展、土特产品展、经贸洽谈会、旅游论坛会、全国百家旅行社联谊会、重点旅游城市旅游局局长协作会议等。拍摄制作完成了恒山景区的专题片，利用中央电视台等媒体进行了广泛的宣传，大大提高了恒山旅游的知名度，积极开展观光旅游、宗教文化旅游、节庆旅游等多种旅游形式。2014 年北岳恒山户外体育运动基地举行了揭牌仪式。

2013 年，恒山景区旅游接待量接近 250 万人次，2016 年首次突破 300 万人次。门票收入 2014~2015 年增幅较大。入境游客人次年增幅在 35% 以上，但整体比重所占较低，2015 年占比 2.2%，2016 年占比 2.9%，入境游客人次和旅游创汇收入明显偏低。本省和相邻省份的内蒙古、河北成为恒山景区主要客源，占比高达 70% 以上。近年来，入境人数和其他省份旅游人数中出现快速增长，均在 30% 以上。①

①　根据山西省恒山风景名胜区管理委员会网站资料整理。

二、西岳华山文旅资源

华山古称"西岳"，雅称"太华山"，为五岳之一，位于陕西省渭南市华阴市，处于东经 109°57′~110°05′、北纬 34°25′~34°00′，东西长 15 千米，南北宽 10 千米，总面积约 148 平方千米。华山西距陕西省会西安 120 千米，南接秦岭，北瞰黄渭，自古以来就有"奇险天下第一山"的说法。

中华之"华"源于华山，由此，华山有"华夏之根"之称。华山是道教主流全真派圣地，为"第四洞天"，西岳华山君神也是中国民间崇奉的神祇。华山共有 72 个半悬空洞，道观 20 余座，其中玉泉院、都龙庙、东道院、镇岳宫被列为全国重点道教宫观，有陈抟、郝大通、贺元希等著名的道教高人。1982 年，华山被国务院颁布为首批国家级风景名胜区。1991 年被国家旅游局评为四十佳旅游胜地之一。1999 年被国家文明委、建设部、旅游局命名为"全国文明风景旅游区示范点"。2004 年被评为"中华十大名山"。2011 年，华山被国家旅游局评为国家 5A 级旅游景区。

2015~2017 年，华山景区的游客人数分别为 243.8157 万人、263.3395 万人、263.3990 万人，同比增幅分别为 11.32%、8%、0.02%。2018 年 1~6 月，华山景区累计接待游客人数 149.21 万人次，同比增加 33.26%。2019 年，华山景区接待游客 309 万人次，乘华山西峰观光大索道游览人数达 280 万人次。[①]

三、南岳衡山文旅资源

南岳衡山，又名寿岳、南山，为中国"五岳"之一，素有"五岳独秀"

---

① 根据渭南市文化和旅游局（渭南市文物局）网站资料整理。

之美称。衡山位于中国湖南省中部偏东南部，绵亘于衡阳、湘潭两盆地之间，主体部分位于衡阳市南岳区、衡山县和衡阳县东部。南岳衡山景区旅游资源丰富。南岳衡山景区是国内首批国家 5A 级旅游景区、国家重点风景名胜区以及世界文化与自然双重遗产提名地，以"宗教圣地""祭祀灵山""中华寿岳""文明奥区"闻名遐迩，蜚声国际。

南岳衡山景区位于全国重要综合交通枢纽、中南重镇——湖南省衡阳市北部 45 千米处，原隶属衡山县，当地人指的衡山是指衡山县城开云镇，而衡山山脉当地人称其为南岳山，位于北纬 27°2′～27°26′、东经 112°33′～112°47′之间，衡山南面是衡阳盆地，东面是湘中丘陵地区。衡山的命名，据战国时期《甘石星经》记载，因其位于星座二十八宿的轸星之翼，"变应玑衡"，"铨德钧物"，犹如衡器，可称天地，故名衡山。

衡山是中国著名的道教、佛教圣地，环山有寺、庙、庵、观 200 多处。衡山是上古时期君王唐尧、虞舜巡疆狩猎祭祀社稷，夏禹杀马祭天地求治洪方法之地。衡山山神是民间崇拜的火神祝融，他被黄帝委任镇守衡山，教民用火，化育万物，死后葬于衡山赤帝峰，被当地尊称南岳圣帝。道教"三十六洞天，七十二福地"，有四处位于衡山之中，佛祖释迦牟尼两颗真身舍利子藏于衡山南台寺金刚舍利塔中。

衡山主要山峰有回雁峰、祝融峰、紫盖峰、岳麓山等，最高峰祝融峰海拔 1300.2 米。衡山主体部分介于北纬 27°4′～27°20′、东经 112°34′～112°44′之间，呈东北—西南走向，北起衡山县福田铺乡，南迄衡阳县樟木乡，西起衡阳县界牌镇，东止衡阳市南岳区，长 38 千米，最宽处 17 千米，总面积 640 平方千米。

1982 年，衡山风景区被列入第一批国家级重点风景名胜区名单；2006 年 2 月，衡山入选首批国家自然与文化双遗产名录；2007 年 5 月，衡山风景区被评为首批国家 5A 级旅游景区；2007 年 8 月，衡山被列为国家级自然保护区。

南岳景区 2018 年接待游客 1164.17 万人次，旅游收入 100.42 亿元，分别增长 16.06% 和 25.02%，旅游收入首次突破 100 亿元大关。2019 年南岳区接待游客 1316.37 万人次，同比增长 13.07%；旅游总收入 113.52 亿元，同比增长 13.05%。①

四、中岳嵩山文旅资源

嵩山，古称"外方"，夏商时称"崇高""崇山"，西周时称为"岳山"，以嵩山为中央，左岱（泰山）右华（华山），定嵩山为中岳，始称"中岳嵩山"。嵩山位于河南省西部，地处登封市西北部，西邻古都洛阳，东临古都郑州，属伏牛山系。介于东经 112°56′07″~113°11′32″、北纬 34°23′31″~34°35′53″之间。

嵩山总面积约为 450 平方千米，由太室山与少室山组成，共 72 峰，海拔最低为 350 米，最高处为 1512 米。主峰峻极峰位于太室山，高 1491.7 米；最高峰连天峰位于少室山，高 1512 米。嵩山北瞰黄河、洛水，南临颍水、箕山，东通郑汴，西连十三朝古都洛阳，是古京师洛阳东方的重要屏障，素为京畿之地，具有深厚的文化底蕴，是中国佛教禅宗的发源地和道教圣地，功夫之源。《诗经》中有"嵩高惟岳，峻极于天"的名句。

嵩山是中华文明的重要发源地，也是中国名胜风景区，为五岳中的中岳。2004 年 2 月，被联合国教科文组织列为世界地质公园。2007 年 3 月，嵩山被国家旅游局批准为国家 5A 级旅游景区。2010 年 8 月，坐落在嵩山腹地及周围的天地之中历史建筑群〔少林寺（常住院、初祖庵、塔林）、东汉三阙（太室阙、少室阙、启母阙）、中岳庙、嵩岳寺塔、会善寺、嵩阳书院、观星台〕被列为世界文化遗产。

---

① 根据南岳衡山旅游网资料整理。

五、东岳泰山文旅资源

泰山，又名岱山、岱宗、岱岳、东岳、泰岳，为中国著名的五岳之一，有"五岳之首""五岳之长""五岳之尊""天下第一山"之称。泰山是中华民族的象征，是东方文化的缩影，是"天人合一"思想的寄托之地，是中华民族的精神家园。1982年11月8日，泰山被列入第一批国家级风景名胜区。1987年12月12日，泰山被列为世界文化与自然双重遗产。2007年3月7日，被评为国家5A级旅游景区。

泰山位于山东省中部，绵亘于泰安、济南、淄博三市之间，总面积2.42万公顷。主峰玉皇顶海拔1532.7米。泰山贯穿山东中部，泰安市境内，绵亘于泰安市、济南市之间，古称"岱山""岱宗"，春秋时改称"泰山"。泰山前邻孔子故里曲阜，背依泉城济南。泰山雄起于华北平原之东，凌驾于齐鲁平原之上，东临大海，西靠黄河，南有汶、泗、淮之水，东西长约200千米，南北宽约50千米，主脉、支脉、余脉涉及周边十余县，盘卧面积达426平方千米，主峰玉皇顶海拔1532.7米。

泰山被古人视为"直通帝座"的天堂，成为百姓崇拜、帝王告祭的神山，有"泰山安，四海皆安"的说法。泰山风景旅游区包括幽区、旷区、奥区、妙区、秀区、丽区六大风景区。游泰山的最佳时间为每年的5～11月。游泰山需看四个奇观：泰山日出、云海玉盘、晚霞夕照、黄河金带。

六、"四岳"景区对泰山启示研究

第一，旅游景区基础设施有待进一步完善。泰山旅游景区在旅游基础设施建设方面有待进一步完善，停车场建设相对滞后、自驾车营地与自助游驿站等有待进一步加强、旅游景区标识导览系统短缺、游客服务中心功能不全面等。旅游景区景点通信基础设施建设更加广泛，实现旅游景区、旅游服务、旅游管理全过程的"全覆盖"。城景间、景景间连接公路以及交通工具相对单一，虽然开通了从泰安高铁到景区的专线，但使用率相对较低，交通通达能力和游客接待能力有待进一步提高。

第二，泰山旅游景区缺乏品牌化建设，宣传促销力度不足。泰山旅游景区人文和自然资源极其丰富，但核心资源优势仅仅是"爬泰山"，项目未能真正开发出来。泰山文化、大汶口文化等需要进一步凸显。泰山旅游景区闲置资源相对较多，景区营销相对落后。泰山旅游景区衍生品开发较少，未能展示景区核心内涵和文化的视觉性产品，容易让游客遗忘。泰山景区对外营销和宣传力度较弱，宣传渠道单一，没有做到精准营销。目前泰山景区未根据各目标区域市场差异化开展精准营销策略，营销投资力度较低，缺乏精心策划文化活动和设计营销方案。景区间合作较弱，景区间应互通交流，强化景区合作，开通景区间旅游直通车服务，使景区间相连成线，实现资源互补共享。

第三，泰山不规范的旅游市场监管与管理。虽然国家和地方出台了一系列相关法律、法规、条例，以及修订后的旅游市场的价格法律法规，但旅游价格管理立法滞后，使得打击旅游价格违法行为实时性有所降低，不能有效地约束和制约经营者，泰山旅游景区管理未能做到分工明确，各司其能。

第四，盲目开发，破坏生态环境、公众保护意识淡薄。泰山景区生态系统一旦遭到破坏，破碎山体遇暴雨会发生泥石流等地质灾害；景区监管缺乏，旅游资源粗放式开发，植被系统受到了破坏，旅游资源和环境保护意识相对薄弱。

第二节　五岳景区评价模型构建与实证研究：
基于游客满意度视角

　　首先，基于结构方程与层次分析法构建旅游景区游客满意度评价模型。第一步，建立理论模型；第二步，模型识别；第三步，分析结构方程；第四步，评价模型；第五步，模型修订；第六步，模型解释。其次，模型构建理论基础 ACSI。最后，旅游景区游客满意度评价指标体系构建研究。从游客感知质量、游客期望、游客满意度等构建景区游客满意度指数测评体系。参见表 5 – 1 ~ 表 5 – 8。

表 5 – 1　　　　　　　　　　旅游景区游客满意度评价指标体系

一级指标	二级指标	三级指标
旅游景区游客满意度测评指标体系 T	景区大环境 A_1	目的地形象 A_{11}
		安全感知 A_{12}
		旅游价格 A_{13}
		居民友好程度 A_{14}
	景区旅游资源 A_2	自然景观 A_{21}
		人文景观 A_{22}
		文化艺术 A_{23}
		民俗风情 A_{24}

续表

一级指标	二级指标	三级指标
旅游景区游客满意度测评指标体系 T	景区交通设施 A_3	景区交通便捷性 A_{31}
		指示标志 A_{32}
		基础设施 A_{33}
	景区餐饮与住宿 A_4	就餐方便卫生 A_{41}
		食品特色 A_{42}
		餐饮性价比 A_{43}
		住宿性价比 A_{44}
	景区服务与管理 A_5	景区工作人员服务质量 A_{51}
		景区卫生状况 A_{52}
		景区游客服务中心 A_{53}
		景区旅游秩序 A_{54}
	景区购物与娱乐 A_6	旅游商品特色与性价比 A_{61}
		娱乐文化异质性 A_{62}
		休闲康体 A_{63}

表 5 - 2　　　　　　　　二级指标相对权重比较

指标	A_1	A_2	A_3	A_4	A_5	A_6
景区大环境 A_1	1	3/2	1	6/5	1	4/3
景区旅游资源 A_2	—	1	3/2	1	5/6	1
景区交通设施 A_3	—	—	1	3/2	1	3/2
景区餐饮与住宿 A_4	—	—	—	1	1	3/4
景区服务与管理 A_5	—	—	—	—	1	1
景区购物与娱乐 A_6	—	—	—	—	—	1
检测结果	max = 6.0958　　CI = 0.01916　　RI = 1.24　　CR = 0.0152 < 0.1					

表 5 – 3   景区大环境 A₁ 相对权重比较

指标	A₁₁	A₁₂	A₁₃	A₁₄
目的地形象 A₁₁	1	4/3	2/1	1
安全感知 A₁₂	—	1	3/2	5/4
旅游价格 A₁₃	—	—	1	2/3
居民友好程度 A₁₄	—	—	—	1
检测结果	max = 4.0247 CI = 0.00823 RI = 0.90 CR = 0.0092 < 0.1			

表 5 – 4   景区旅游资源 A₂ 相对权重比较

指标	A₂₁	A₂₂	A₂₃	A₂₄
自然景观 A₂₁	1	3/2	1	1
人文景观 A₂₂	—	1	3/2	1
文化艺术 A₂₃	—	—	1	2/3
民俗风情 A₂₄	—	—	—	1
检测结果	max = 4.0620 CI = 0.02067 RI = 0.90 CR = 0.0232 < 0.1			

表 5 – 5   景区交通设施 A₃ 相对权重比较

指标	A₃₁	A₃₂	A₃₃
景区交通便捷性 A₃₁	1	4/2	1
指示标志 A₃₂	—	1	6/5
基础设施 A₃₃	—	—	1
检测结果	max = 3.0858 CI = 0.0429 RI = 0.58 CR = 0.0825 < 0.1		

表 5 – 6   景区餐饮与住宿 A₄ 相对权重比较

指标	A₄₁	A₄₂	A₄₃	A₄₄
就餐方便卫生 A₄₁	1	3/2	2/3	1
食品特色 A₄₂	—	1	3/2	1

续表

指标	A_{41}	A_{42}	A_{43}	A_{44}
餐饮性价比 A_{43}	—	—	1	3/2
住宿性价比 A_{44}	—	—		1
检测结果	max = 4.1460 CI = 0.04867 RI = 0.90 CR = 0.0547 < 0.1			

表 5-7   景区服务与管理 A_5 相对权重比较

指标	A_{51}	A_{52}	A_{53}	A_{54}
景区工作人员服务质量 A_{51}	1	3/2	1	4/3
景区卫生状况 A_{52}	—	1	3/2	1
景区游客服务中心 A_{53}	—	—	1	3/2
景区旅游秩序 A_{54}	—	—		1
检测结果	max = 4.0847 CI = 0.02823 RI = 0.90 CR = 0.0317 < 0.1			

表 5-8   景区购物与娱乐 A_6 相对权重比较

指标	A_{61}	A_{62}	A_{63}
旅游商品特色与性价比 A_{61}	1	3/2	2/1
娱乐文化异质性 A_{62}	—	1	4/3
休闲康体 A_{63}	—	—	1
检测结果	max = 3.0000 CI = 0.0000 RI = 0.58 CR = 0.0000 < 0.1		

（1）景区大环境 A_1，是指在景区游览的客人对其主观的总体感觉与认知，是游客对旅游景区的第一印象，具体包括目的地形象 A_{11}、安全感知 A_{12}、旅游价格 A_{13}、居民友好程度 A_{14}，这些因素直接取决于游客心理期望值，进而影响对旅游景区的满意度。

（2）景区旅游资源 A_2，是指旅游景区所特有的能够满足游客好奇心的资源，经过千年的大自然造化，旅游景区所形成的鬼斧神工的独特景观与形态，给游客以丰富联想与美的享受，将科学性与美学性加以整合，如景区旅游资源的观赏性、景区旅游资源保值性、景区旅游资源多彩性、景区旅游资源的独特性等，具体包括自然景观 A_{21}、人文景观 A_{22}、文化艺术 A_{23}、民俗风情 A_{24}。

（3）景区交通设施 A_3，是指基于旅游景区旅游资源与基础，经营者所提供的旅游者所需求的必要的基础设施与公共设施，例如，游客对必要的基础设施投入的满意度、景区公共休息设施提供的满意度、景区游乐项目安全措施满意度以及景区交通便捷满意度等，具体包括景区交通便捷性 A_{31}、指示标志 A_{32}、基础设施 A_{33}。

（4）景区餐饮与住宿 A_4，是指游客在旅游消费过程中关于住宿、吃饭等心理感受，具体包括就餐方便卫生 A_{41}、食品特色 A_{42}、餐饮性价比 A_{43}、住宿性价比 A_{44}。

（5）景区服务与管理 A_5，是指景区游客对景区内工作人员服务质量的评价与心理感受，具体包括景区工作人员服务质量 A_{51}、景区卫生状况 A_{52}、景区游客服务中心 A_{53}、景区旅游秩序 A_{54}。

（6）景区购物与娱乐 A_6，是指景区游客在旅游消费过程中的购物与娱乐等心理感受，如娱乐项目质量等，具体包括旅游商品特色与性价比 A_{61}、娱乐文化异质性 A_{62}、休闲康体 A_{63}。

由于以上指标可以运用调查问卷中相关指标的均值来代表各个专家的打分值。以上指标均通过一致性检验。

$$CR = \frac{\sum_{1}^{6} W_i CI_i}{\sum_{1}^{6} W_i RI_i}$$

$$= \frac{\begin{array}{c} 0.1920 \times 0.00823 + 0.1610 \times 0.02067 + 0.1775 \times 0.0429 + 0.1434 \\ \times 0.04867 + 0.1710 \times 0.02823 + 0.1551 \times 0 \end{array}}{\begin{array}{c} 0.1920 \times 0.90 + 0.1610 \times 0.90 + 0.1775 \times 0.58 + 0.1434 \times 0.90 \\ + 0.1710 \times 0.90 + 0.1551 \times 0.58 \end{array}}$$

$$= 0.03171 < 0.1$$

根据一致性检验原则，进一步对层次总排序一致性检验，结果显示，层次总排序一致性检验通过。

通过以上步骤，确定旅游景区游客满意度评价指标体系。最终权重确定，详见表5-9。

表5-9 旅游景区游客满意度评价指标体系指标总权重

准则层		A_1	A_2	A_3	A_4	A_5	A_6	最终权重
		0.1920	0.1610	0.1775	0.1434	0.1710	0.1551	
指标层	A_{11}	0.3117						0.0598
	A_{12}	0.2656						0.0510
	A_{13}	0.1675						0.0322
	A_{14}	0.2553						0.0490
	A_{21}		0.2746					0.0442
	A_{22}		0.2481					0.0399
	A_{23}		0.2026					0.0326
	A_{24}		0.2746					0.0442
	A_{31}			0.4139				0.0735
	A_{32}			0.2770				0.0492
	A_{33}			0.3091				0.0549
	A_{41}				0.2494			0.0358
	A_{42}				0.2494			0.0358
	A_{43}				0.2760			0.0396
	A_{44}				0.2253			0.0323
	A_{51}					0.2951		0.0505
	A_{52}					0.2481		0.0424
	A_{53}					0.2481		0.0424
	A_{54}					0.2087		0.0357
	A_{61}						0.4615	0.0716
	A_{62}						0.3077	0.0477
	A_{63}						0.2308	0.0358

按照构建的旅游经济游客满意度，对五岳游客满意度进行评价，具体结果如下："泰华衡恒嵩"五岳旅游景区游客满意度测评，东岳泰山3.823、西岳华山4.763、南岳衡山4.216、北岳恒山3.798、中岳嵩山4.001，基本符合当前状况。

第三节　泰山数字文旅融合政策支撑体系研究

通过前面的研究，课题组认为应从以下方面创建基于游客满意度优化泰山数字文旅融合政策支撑体系：提升优化旅游环境，提高便民设施满意度；明确泰山旅游形象定位，强化游客认知度；倡导全民好客计划，提升景区亲切感；加强服务人员好客培训，提升住、行、游服务标准；建立规范交通治安体系改善泰山旅游地环境；优化测评体系，加大信息化程度；完善从业者素质，提升泰山旅游地服务质量等。

一、着力加强数字文旅基础设施建设

据数据显示，泰安旅游景区交通及基础设施满意度较低，交通拥堵、停车难、景区非法车辆运营、交通指示牌和景区标识系统不完善、景区旅游厕所卫生条件较差、景区内索道破旧且趟次较少、排队时间过长、景区内旅游观光车较少等问题严重。为此，笔者建议：第一，加强泰山旅游景区公路、人行道、标识牌、停车场、供水供电、厕所、游客信息服务、应急救援、安保和消防等基础设施建设。进一步完善景区主要景点旅游线路，优化游客问询、景区标识牌等基础设施。第二，加强景区通信网络化、智能化建设，精细化、实时化景区管理，构建旅游景区信息平台，主要包括运行监控和应急指挥、旅游电子政务和信息资讯、旅游营销咨询服务等，共享数据、共享资

源，实现旅游服务和管理全程全域覆盖。第三，旅游交通专线和自助游安置点顶层设计，政府主导相关企业共同出谋划策，规划线路等旅游交通专线，推出自助游、团体游等项目。第四，优化景区交通设施，增加泰山景区公共厕所、垃圾箱数量，在重要节假日增加环卫工人数量，增加清扫次数，加大对卫生情况监管，为游客带来更好的旅游体验。第五，对景区内索道进行维护和保养或者更新换代，增加索道和景区内观光车的趟次，减少游客排队等待时间。第六，增加旅游景区公共休息场所景区，将登山道和游客休憩场所相结合，在合理的位置设置凉亭之类的场所，供游客休憩，且能遮风挡雨。第七，加强泰山景区硬件配备建设。加强泰山景区硬件配套设施日常维护管理，建立日常维护管理工作机制，及时维修和恢复被损坏或被盗的设施，保持泰山景区配套公共设施有效、安全。加强泰山景区公共设施长效管理。强化泰山旅游景区环境卫生设施建设，布局合理、美化环境、方便适用、整洁卫生。旅游景区内果皮箱设置服务"半径不大于 30 米"。加快景区停车场等基础设施。加强主要景区连接交通干线的旅游公路建设。加强城市游客集散中心建设。力争所有景区旅游交通基本畅通。

二、发挥政府主导作用，推进数字文旅转型，实现人文和品牌化建设

发挥领导主导作用，旅游景区开展游客满意度工程。强化政府主导、企业参与整合资源，合力开展旅游宣传促销；选择"旅游＋""＋旅游"，运用大数据、云计算、人工智能等强化泰山旅游宣传；落实黄金周时段投放形象宣传片。加强与电信、银行合作，研发旅游营销服务和行业管理信息系统，开发旅游营销结算体系；制定"快手"效应，加强网络宣传，满足游客个性化需求；理顺旅游业管理体制，建立健全旅游行政管理机构，改变"政出多门""多龙治水"弊端，形成部门分工合作、相互配合的旅游管理运行机制。

加大泰山文化统筹整体规划，以文化力量塑造名山，以文化特色振兴旅游，突出"天下第一岳"的泰山文化内涵，打造中国山岳旅游第一名片。树立"大景区、大项目、大旅游、大目标"旅游意识，全力推进旅游业高质量发展。突出差异化、特色化和交融化，构建产业强、产品精、业态新、品牌响、服务优的特色旅游项目。以"泰山国际登山节"为契机，推广体育休闲活动。整合第一、第二、第三产业相关资源，加强产业链延伸，把文化旅游产业打造成集农业、工业和相关服务业为一体的新型旅游模式，增加旅游业附加值。

三、精准掌握旅游者需要，提高从业人员管理水平

游客是景区主要经济来源，景区需精准掌握游客实际需求。第一，提高从业人员管理水平，引进优秀管理人才。提高泰山旅游景区管理、服务人员素质选拔优秀人才，加强培训，严格考核，提升队伍整体素质和能力，体现"5A级"景区服务水平。第二，邀请优秀旅游管理专家详细地讲解旅游接待过程中的服务礼仪实战技巧，加强情景模拟，提高景区从业人员思想认识，增强和提高服务水平，自觉担负起泰山景区形象大使职责。第三，积极培养国际化旅游人才，采取合作办学、联合培养、教师互访、学术交流等方式加强国际合作，促进教育理念和人才培养质量与国际接轨，加快国际化人才培养步伐，建设一支高素质的旅游从业人才队伍。第四，建立健全旅游从业人才管理质量评价指标体系，定期检验旅游从业人员服务态度与服务质量。加强旅游企业人才培训，包括岗前培训、在岗培训和脱产培训相结合的培训体系等。培养旅游服务精细化人才，培训机构针对不同服务项目开设不同的课程，训练旅游服务人才特殊技能。旅游行业员工树立严格质量意识，从游客视角对待服务与游客。培养对所从事工作积极情感，变被动为积极、主动、热情的优质服务。

四、加强市场监督与促销，建立数字文旅云数据中心

第一，加大旅游市场监管和整治力度，建立旅游云数据中心。加强旅游综合监管体制建设，明确旅游市场监管主体；加强景区监管部门对各承包商监管，落实监管责任，推进旅游标准化工作；借助基于云计算中心的空间信息处理能力和大数据挖掘能力，构建大数据智慧旅游商业模式，实现一站式旅游服务体系。第二，加大宣传促销力度，大力开展景区特色的节庆性活动。每年3月31日至5月7日是泰山景区一年一度的盛大庙会活动，东岳大帝的诞辰是3月28日，自宋朝起，每年此时举办泰山庙会以祭东岳大帝，地点在东岳庙即岱庙，除祭祈活动外，后世逐渐增加了商贸、娱乐活动等内容，服务于来自四面八方的朝拜者。2019年11月，《国家级非物质文化遗产代表性项目保护单位名单》公布，泰安市旅游协会获得"泰山东岳庙会"保护单位资格。庙会期间搭台唱戏，进行旅游商贸交流活动。第三，进一步拓宽宣传渠道。政府应大力支持并主导景区的宣传渠道，通过政府公信力，与其他旅游景区共同营销。加强与旅行社进行合作，推出当地景区特色游，将"食宿行游购娱"充分融入，带动整个景区周围圈，强化联动效应。

五、完善泰山景区数字环境建设，增强泰山数字文旅形象

第一，目的地形象建设是旅游者对旅游目的地总体感知认识，景区品牌形象、文化内涵、现代化程度、市容市貌等都会影响游客对景区目的地形象的评判。泰山景区旅游资源非常丰富，从旅游资源多样性上看，应改变过去的单一形象，建立起综合性旅游目的地形象。第二，加强景区安全机制建设。每年会有大量香客进香，应加强游客防火意识；明确步行登山路标，方便游客找寻，使步行登山游客尽量与车道分离，确保游客人身安全，以满足越来

越多夜间步行登山露营需求。第三，规范景区旅游价格，加大政府对旅游价格监管力度，加强旅游价格透明化，颁布专门行政法规规范景区门票、旅游公共交通运营，制定惩罚措施牵制"黄牛党"和"宰客党"不法行为。第四，游客对景区内当地居民不规范行为较不满意，游客反映有些当地居民存在"欺客宰客"行为，有些当地居民把公共的停车位占为己有，向游客收取高额停车费，导致游客对景区大环境形成不良印象。应注重对当地居民行为引导，充分发挥旅游综治值班工作人员作用，加大对"喊客拉客""欺客宰客"行为的曝光和惩治力度，实现全区全民总动员。

六、建立健全价格管理机制，加强"投诉服务"维权工作

第一，制定合理景区门票价格管理工作价格办法，规范管理行为。旅游门票价格制定遵循按质论价原则。确立景点门票价格分级管理权限，发挥各级价格管理部门参与管理的积极性，杜绝价格与景区质量严重不对等的现象。第二，部门间通力合作，加强"投诉服务"维权工作。加强有关部门，例如工商、物价、技监、公安、卫监、城管等通力合作，共同维护旅游消费者权益。成立专门接待处理投诉工作小组。建立岗位值班制度，建立一整套部门间协作制度，定期分析投诉特点，通报投诉情况，研究投诉倾向。

七、积极整合景区数字文旅资源，加强保护环境，实现生态和经济效益双赢

第一，加强泰山景区生态工程建设，提高森林覆盖率和景区绿化覆盖率。加强生态环境保护，美化环境、涵养水源、保持生物多样性。第二，立足林业生态建设，加强森林资源管护，发展生态旅游。第三，加快推进旅游资源整合，全力打造旅游国际品牌。整合并利用周边地理环境资源，充分挖掘旅

游地地方特色，确定多条旅游专线，实现以最低的时间和金钱成本达到最大旅游目的，提高旅游产品的性能价格比。第四，提高景区群众和游客环保意识。

八、发展景区餐饮住宿市场，开发景区购物娱乐项目

第一，加强泰山景区餐饮和住宿行业从业人员素质培养，宣传文明高效服务知识，提高服务人员服务意识，为游客提供更贴心的旅游餐饮及住宿服务。第二，制定相关卫生管理条例和卫生检测标准，定期对景区内餐饮和住宿部门进行卫生检测。第三，景区内规划建设多个多功能旅游商业区，着力打造泰山美食中心、休闲避暑中心，集住宿、饮食、娱乐为一体全面发展，多方位提升泰山景区整体效益。第四，建立餐饮与住宿行业自律协会，实施内部相互监督。第五，开发景区购物娱乐项目。加快旅游纪念品、特色旅游食品开发，规划建设大型旅游商品购物中心，增设娱乐设施，开发娱乐项目；投资引进或者共同开发周边城市大型游乐项目和文艺类节目；延长游客驻留时间，加大研发新的旅游项目。

九、积极开展游客满意度测评，精准掌握泰山游客诉求

了解和掌握泰山旅游景区游客需要、要求和期望，精准定位泰山旅游景区；发现和识别游客需求发展趋势和市场机会，制定游客满意服务基准；评估泰山旅游景区服务质量、管理水平和经营绩效；确认旅游景区游客满意度关键性指标，抓住泰山旅游景区游客满意度的"牛鼻子"；实施泰山旅游景区经营全过程管理，提高泰山旅游景区质量管理体系运行的有效性。

第六章

数字经济助力中小企业融合路径研究

第一节　数字经济相关理论综述

数据作为 21 世纪经济时代的新兴生产要素，发展潜力巨大。数字经济的兴起为新兴国家实现经济"快车道"提供了契机。数据作为经济增长的新动力，已成为数字经济基础性生产要素（Sutherland & Ewan，2018）。实践证明，数字经济正日益驱动产业结构转型升级（张于喆，2018）。随着数字经济成为全球关注热点，学术界对数字经济概念高度关注，但总体来说数字经济驱动，尤其是数字经济驱动中小微企业高质量发展的研究仍处于探索阶段，目前集中在相关的概念内涵、测度、影响因素分析等方面。

一、数字经济概念界定

数字经济的提出最早可以追溯到 1994 年的塔斯考特（Tapscott）。数字经济在应用于概念产品、服务生产和运营模式的同时，还倒逼企业目标、竞争动态、商业规则等发生变革（详见表 6 – 1）。塔斯考特因预测互联网在未来社会生活中的影响而被称为"数字经济之父"，主要强调互联网和电子商务对经济的影响。1998 年经合组织（OECD）和美国商务部公开采用"数字经济"来描述信息技术给美国及世界经济带来的社会变革。目前数字经济概念内涵主要集中在以下四个层面：一是从技术层面出发，强调信息、计算机、通信技术融合及相应组织变革（魏江、刘嘉玲和刘洋，2021）；二是基于信息技术对商业模式和流程创新影响（Tapscott，1996；赵星，2016）；三是强调所有生产要素与数字结合（李长江，2017）；四是强调数字化巨大的财务创造能力和广阔的财富分配效应的新经济（王德禄等，2022）。美国学者尼葛洛庞帝（Negroponte）在 1999 年详细界定了数字经济基本概念，并对数字经济作用与影响做了详细研究。

表 6 – 1 数字经济概念界定

视角	概念内涵	文献来源
技术层面驱动	计算机和通信技术在互联网融合及相应的组织变革	Tapscott，1994
	信息的数字化及相应的 ICT 基础设施；以 ICT 为基础实现交易、合作数字化	Perez，2003；魏江、刘嘉玲、刘洋，2021
要素数字驱动	所有生产要素与数字技术的结合	李长江，2017

视角	概念内涵	文献来源
商业模式驱动	从商业结构和流程上根本改变价值创造方式	Tapscott，1996
	信息是关键资源，能转换成新经济价值，开发新产品提供新服务；应用数字技术，交易数字产品	赵星，2016
新经济驱动	强调新活动和新产品，即数字化商品和交易的新经济	王德禄等，2022

数字经济是指以使用数字化的知识和信息作为关键生产要素，以现代新型网络作为重要载体，以信息通信技术（ICT）的有效使用作为效率提升和经济结构优化的重要推动力的一系列经济活动。① 中国信息通信研究院将数字经济定义为以数字化知识和信息为关键生产要素，以数字技术创新为核心驱动力，以现代信息网络为重要载体，通过数字技术与实体经济深度融合，不断提高传统产业数字化、智能化水平，加速重构经济发展与政府治理模式的新型经济形态。

基于范畴视角，泰奥（Teo，2001）认为，信息数字化是数字经济核心。莫尔顿（Moulton，2010）认为，数字经济涉及信息通信技术业（ICT）、信息技术业、信息技术业相关商品零售和电子商务等。基于动态过程视角，经合组织（OECD）认为，数字经济是经济社会发展的数字化转型，数字化与互联性成为数字经济两大支柱，将数字化、网络化应用于一切传统行业都视为数字经济（向书坚、吴文君，2018）。2016 年 G20 峰会将数字经济包容性进一步扩大，将数字经济界定为凡是与网络、信息技术等相关的一系列经济活动都认为是数字经济范畴（田丽，2017；曹正勇，2018）。孙德林、王晓玲（2004）认为，信息化作为数字核心，包括信息产业化与产业信息化。焦勇（2020）将 ICT 技术作为数字经济核心，将 ICT 技术广泛应用于传统行业是未

---

① G20 数字经济发展与合作倡议［EB/OL］. http：///www. g20chn. org/index. html，2016 – 09 – 20.

来发展方向。

二、数字经济驱动的内涵和测度

目前学术界对数字经济驱动的探讨主要集中在以下视角（见表 6 - 2）。

表 6 - 2　　　　　　　　　　数字经济驱动的内涵和测度

视角	概念内涵	测度	文献来源
数字化接入	1. 动机性、物质性、技能性、应用性接入 2. 物理接入、资金接入、认识接入、设计接入、内容接入、制度接入、生产接入	1. ICT 发展指数 2. ICT 渗透率 3. PC 利用率 4. 网络渗透的增长率	薛伟贤等，2004；钱虹等，2009；郑英隆、李新家，2022
IT 能力	1. 控制 IT 成本、实施 IT 影响组织目标的能力 2. 有效使用 IT 工具管理企业内部信息的能力 3. 调用、部署、整合 IT 资源支持企业活动的组织能力	1. IT 技术、人员能力、运营、跨越 2. 流程，知识的广度和深度 3. IT 基础设施、资源、业务、管理、集成	Agenor，2011；吴晓波等，2006；张涛，2010；谢卫红等，2014；薛晓芳等，2013；欧阳桃花等，2012
数字鸿沟	1. 基础设施、使用设施、新媒介等渠道及可及性差异 2. 数字应用及能力上的差异，包括设备、使用主动性、技巧、社会支持及使用目的等 3. 运用信息技术建立竞争优势的差异	1. 互联网基础设施 2. 互联网使用的彩虹模型，包括网络硬件设备、软件设施及使用技能	Dan & Hang，2010；邱泽奇等，2016；薛伟贤、党兴华，2004；赵霞等，2017；刘耀彬等，2017
数字创新	1. 数字化技术与产品物理组件的融合以及新产品新工艺或新商业模式的出现 2. 产品创新与组织创新，社会 - 技术结构关系及创新过程从与非数字化转向数字化要素关联 3. 数字化产品生产方式和组织逻辑相互连接组合	1. 基础设施、人力资本、创新强度三个维度 2. 数字流程、数字产品、数字商业模式创新	王刊良等，2002；余江，2017；Marco & Krackhardt，2010；Obstfeld，2005

视角	概念内涵	测度	文献来源
数字价值	1. 数字化使用目的不同导致数字化产出的差异 2. 数字使消费者和企业拥有更广泛的能力 3. 数字平台融入更多的关系和体验 4. 社交媒体和虚拟社区成为重要的价值创造控制平台	1. 互动性 2. 体验性 3. 融入性 4. 关联性 5. 分享性 6. 授权性 7. 信任和承诺 8. 协调性	Mutula, 2007；王永贵等, 2013；朱良杰等, 2017；Peltokorpi & Yamao, 2017
两化融合	1. 外部视角：信息资源用于企业与顾客、供应商、市场及竞争者关系构建竞争优势 2. 内部视角：基于信息技术从管理、战略和操作等提高竞争力 3. 内外部结合视角：信息技术与企业内外部资源整合利用，从战略、能力、价值链及产品和市场等多方面提高企业竞争优势	1. 融合环境、战略、模式 2. 融合运营、咨询、研发投入 3. 融合组织、运行、标准 4. 技术、产品、供给、需求融合、质量、效益提升 5. 融合 CRP、电力消耗、实际能耗	余伟萍等, 2002；汪斌等, 2004；张爽、张阳, 2006；郭庆然, 2009；吴凤羽、许众, 2006；王慧英, 2005；张轶龙等, 2013；谢康等, 2012；俞立平, 2011；陈晓红等, 2013；杜传忠等, 2015；黄新建等, 2016

（一）数字化接入相关研究

第一，数字化接入的概念相关研究，具有代表性的是：薛伟贤、冯宗贤和王健庆（2004）在网络经济水平测度相关研究基础上，基于企业与数字化技术间交互性，从动机性、物质性、技能性、应用性接入等视角界定了数字化接入的概念；郑英隆、李新家（2022）基于消费互联网与产业互联网对接，将数字化接入定义为信息技术连接，具体表现为物理接入、资金接入、认识接入、设计接入、内容接入、制度接入、生产接入等。第二，数字化接入测定相关研究，具有代表性的有：信息通信（ICT）发展指数（钱虹等，2009；薛伟贤、冯宗贤等，2004）、信息通信（ICT）渗透率（郑英隆、李新家，2022）、PC利用率、网络渗透增长率等。

（二）IT能力相关研究

第一，IT能力的概念相关研究，具有代表性的有：控制IT成本、实施

IT 影响组织目标的能力（Agenor，2011）；吴晓波等（2006）将 IT 能力界定为有效使用 IT 工具管理企业内部信息的能力，通过调用、部署、整合 IT 资源来支持企业活动的组织能力。第二，IT 能力测度的相关研究，具有代表性的有：通过 IT 技术、人员能力、运营、跨越等指标加以测度（张涛、庄贵军等，2010）；谢卫红等（2014）运用探索式因子分析表明，IT 能力测度由流程导向 IT 能力、知识广度导向 IT 能力和知识深度导向 IT 能力 3 个维度构成；薛晓芳、霍宝锋和许雯（2013）从 IT 基础设施、人力资源、无形资源、IT 与业务关系、外部联系、管理、集成能力等视角进行测度；欧阳桃花（2012）将 IT 运营、跨越能力两个指标纳入 IT 能力测度中。

（三）数字鸿沟与创新相关研究

第一，数字鸿沟与创新界定相关研究，具有代表性的有：从基础设施、使用设施、新媒介等渠道和可及性差异（邱泽奇，2016），数字应用及能力上的差异，包括设备、使用主动性、技巧、社会支持及使用目的（Dan & Hang，2010）、运用信息技术建立竞争优势的差异等加以界定。第二，数字鸿沟与创新测度的相关研究，具有代表性的有：薛伟贤、党兴华（2004）用互联网基础设施、测度数字鸿沟的互联网使用的彩虹模型加以测度，主要包括网络硬件设备、软件设施及使用技能等；赵霞、高云虹等（2017）用数字化技术与物理产品融合、新产品新工艺新商业模式加以测度；刘耀彬等（2017）采用产品创新与组织创新变化、社会－技术结构关系变化、创新从非数字化要素转向数字化要素关联等视角加以测度；还有部分专家学者主要用数字流程、数字产品、数字商业模式创新等测度（余江等，2017）等。

（四）数字创新相关研究

第一，数字创新界定相关研究，具有代表性的有：基于数字化技术与产品物理组件的融合，以及新产品新工艺或新商业模式的出现背景下，从产品创新与组织创新、社会－技术结构关系及创新过程、与非数字化转向数字化要素关联等视角界定数字创新概念（王刊良等，2002）；还有部分学者从数字化产品生产方式和组织逻辑相互连接组合界定数字创新概念（Marco & Krackhardt，2010）。第二，数字创新测度相关研究，具有代表性的有余江（2017）从基础设施、人力资本、创新强度三个维度对数字创新进行测度；还有学者从数字流程、数字产品、数字商业模式创新等维度对数字创新进行测度（Obstfeld，2005）。

（五）数字价值相关研究

第一，数字价值界定相关研究，具有代表性的有：数字化使用目的不同导致数字化产出的差异；数字使消费者和企业拥有更广泛的能力；数字化市场和营销方式导致信息和销售渠道、品牌传递、消费者沟通等能力变化（王永贵等，2013）、数字平台融入体验（Gerhan & Mutula，2007）、社交媒体和虚拟社区成为价值创造控制平台（朱良杰、何佳讯等，2017）等。第二，数字价值测度相关研究，具有代表性的有：通过互动性、体验性、融入性、关联性、分享性、授权性、信任和承诺、协调性等加以测度（Peltokorpi & Yamao，2017）。

（六）两化融合相关研究

第一，两化融合界定的相关研究，具有代表性的有：余伟萍、胡万华和刘云等（2002），汪斌等（2004）从外部视角对两化融合加以界定，外部视角主要包括信息资源用于企业与顾客、供应商、市场及竞争者关系构建竞争优势等；张爽、张阳（2006）从内部视角对两化融合加以界定，内部视角主要包括基于信息技术从管理、战略和操作等提高竞争力；郭庆然（2009）从内外部结合视角对两化融合加以界定，主要包括信息技术与企业内外部资源整合利用，从战略、能力、价值链及产品和市场等多方面提高企业竞争优势等。第二，两化融合测度相关研究，具有代表性的有：王慧英（2005）从融合环境、战略、模式等维度加以测度；部分学者进一步将要素投入（吴凤羽、许众，2006）、技术储备、技术、产品、供给、需求融合（张轶龙等，2013）、融合质量等（谢康等，2012；俞立平，2011；陈晓红等，2013；杜传忠等，2015）维度纳入测度体系中。丁志帆（2020）从微观、中观和宏观视角分析了数字经济促进经济高质量发展的机理。李等（Lee et al.，2013）认为，信息技术与健康服务业融合在服务质量改善、生产效率提升、生产成本降低、生产能力增强等方面促进健康服务业发展。韦斯特曼（Westerman，2015）认为，数字化战略转型成为 21 世纪传统产业发展的必然要求。李晓华（2015）认为，"互联网＋"所具有的技术特征冲击着传统的生产模式、业态与商业模式。刘海启（2019）认为，遥感等现代信息技术与农业有机结合诞生了数字农业，定期实时监控灾害、生产环境、农作物生长过程等。何帆、刘红霞（2019）认为，数字经济政策影响着实体经济数字化变革。在数字经济推动经济发展的同时，"数字鸿沟"问题也日益凸显（何枭吟，2013）。数字贸易冲击着传统的国际贸易体制、规章制度、监管执法等（李忠民、周维颖和田仲他，2014）的同时，数字经济也在影响着政府，数字政府已经囊括管理理念、治理结构、行政程序、工作流程等（徐顽强，2001）。数字普惠金融也呈现出上升趋势（龚沁宜、成学真，2018）。

（七）数字经济测算

经合组织（OECD，2015）构建了一个包含 38 个指标的数字经济测算体系，并运用大量数据、图表等全面对比分析指标。欧盟统计局（2016）设计了包含 30 个二级指标的欧盟数字经济进程与发展程度的数字经济和社会指数，具体涉及宽带接入、人力资本、互联网应用、数字技术应用、数字化公共服务程度等 5 个方面。美国经济分析局（2019）利用供给使用表测算了美国数字经济增加值和总产出。康铁祥（2008）运用 Machlup-Porat 方法对中国

2002～2005年数字经济规模进行了测算。蔡跃洲（2021）提出以增长理论与核算为基础测算数字经济增加值及贡献度框架，并实现"创新生态系统数字化赋能"。中国信息通信研究院从数字产业化、产业数字化、数字化治理等方面测度了我国数字经济的发展。丁玉龙（2021）在充分理解数字经济内涵基础上，从经济、社会、生态、民生四个维度构建包括36个指标的数字经济测算体系。

三、中小微企业数字经济驱动的影响因素、影响效应及路径研究

针对中小微企业数字驱动的相关研究主要集中在影响因素、驱动路径、影响效应等方面，详见表6－3。

表6－3　　中小微企业数字经济驱动的影响因素、影响效应及路径研究

视角	影响因素	视角	影响因素
积极效应	持续竞争优势	消极或不确定效应	数字鸿沟增加协同难度
	提升财务绩效		信息技术不一定增强竞争优势
	提升组织绩效		可能降低创新效率和要素集聚
内部影响因素	管理层支持和介入、管理方式	外部影响因素	区域、产业、国家差异
	数字化战略规划、技术、人才		外部关系网络、价值网络重构
	市场化程度、市场需求		环境规制
驱动路径	内部：技术、业务流程、组织结构创新、价值链	中小微企业融合	融合优势、信息化对中小企业技术创新促进更明显
	外部：竞争、政府、环境、外部需求		中小企业融合受限于资金、技术、人才、信息资源

（一）中小微企业数字驱动差异化效应及其影响因素、路径研究

学者们主要基于数字驱动差异化效应及其影响因素、路径等开展研究：①数字经济驱动积极效应方面，主要表现为有助于中小微企业持续竞争优势的提升（李坤望等，2015），提高中小微企业财务绩效（薛晓芳等，2013；宁光杰等，2014）与组织绩效（周驷华等，2016；崔瑜等，2013；赵付春等，2016）。②数字经济驱动消极或不确定效应方面，主要表现为数字驱动引起的数字鸿沟一定程度上增加了中小微企业协同难度（Krackhardt & Martin，2002），导致中小微企业研发效率低下（Burt，2007），形成中小微企业 U 型关系或门槛效应（余伟萍等，2002；陈石、陈晓红，2013；支燕等，2012），降低了中小微企业创新资源和要素集聚程度等。③数字经济驱动中小微企业内部影响因素方面，主要涉及管理层支持和管理方式、控制行业属性后地理分布影响显著性、市场化程度尤其是信息通信技术及相关服务的市场竞争程度（Park，Srivastava & Gnyawali，2014）、数字化战略规划或技术、人才（刘骏，2017；杜传忠，2015）等内部影响因素。④数字经济驱动外部影响因素方面，主要涉及区域、产业、国家差异（宋丽萍，2019；刘长庚等，2022；尹莉、臧旭恒，2005）、企业价值网络核心和节点企业（程立茹，2013）、基于大数据的价值主张创新、外部关系网络和价值网络重构（张红历等，2010；罗珉，李亮宇，2015；程立茹，2013）、环境规制（陈晓红等，2013；谢康等，2009）等外部影响因素。⑤数字经济驱动路径方面，主要包括内部驱动与外部驱动。肖静华（2006）、刘鹏程等（2016）、荣宏庆（2013）、万建香（2009）、赵振（2015）、王念新等（2011）通过研究，归纳了数字经济驱动中小微企业内部驱动路径主要包括技术、业务流程、组织结构创新、价值链、实体经济与虚拟经济相融合的跨界经营等；赵振（2015）、于飞（2009）、郭荣秋等（2010）通过研究，归纳了数字经济驱动中小微企业外部驱动路径主要包括竞争促进、政府引导、环境、外部需求拉动等。⑥数字经济驱动中小

微企业融合方面，学者通过实证研究得出中小企业融合优势更显著（Arino & De la Torre，1998）、信息化对中小企业技术创新促进更明显（韩先锋，2014）等结论；同时，汪淼军、张维迎等（2006）认为中小企业融合受限于资金、技术、人才、信息等资源限制。

（二）驱动机制

实践表明，数字已作为新的生产要素日益成为经济发展的动力。研究表明，数字经济从"宏观－中观－微观"层面（李辉，2019）推动我国经济高质量发展。第一，宏观层面上，数字经济可以通过要素配置变革、资源配置方式变革、全要素生产率提升（王娟，2019）促进经济增长；第二，中观层面上，数字经济通过改变产业关联、促进产业融合、催生新产业促进产业结构升级（荆文君等，2019）；第三，微观层面上，数字经济运用数字思维和数字技术等方式实现商业模式创新，加速生产与消费的精准对接。

（三）数字经济驱动企业转型模式与路径

数字经济驱动企业转型模式与路径，主要集中在六个方面：①数字产业化。杨大鹏（2019）、李永红等（2019）、许旭（2017）等基于数字产业化的三个阶段，即数字技术研发、数字龙头企业发展和数字产业集群形成，提炼了数字产业化的三种驱动模式，即研发机构驱动模式、龙头企业驱动模式和特色小镇驱动模式。②制造业信息化。不同专家学者从不同角度总结了制造业信息化的模式，具有代表性的有：运用智能生产和智造模式、网络化协同制造模式（范玉顺，2003；王睿等，2013）、个性化定制模式（陶金泽亚等，2015）、服务型制造模式（何哲，2010；王玉辉等，2016；林文进等，2009）等推动制造业转型。③五化模式。赵西三（2017）等提出数字经济助推中国制造，以平台化、生态化、软件化、共享化、去核化实现"换道超车"（埃森哲，2017；江积海等，2017；肖红军等，2019；王娅等，2019）。④三维模式。欧阳芳（2016）、刘佳等（2013）、林东华（2009）等学者提出基于需求、供给和技术长尾理论的三维实现模式应对数字经济带来的机遇和挑战。⑤新零售模式。有些学者认为，大数据驱动的新零售模式优势明显，是未来传统零售企业转型升级的重要选择（刘向东等，2019；杨坚争等，2018；高红冰等，2017；Dekker，2006）。⑥产业数字化。有些学者提出推进企业智能制造、行业平台赋能和园区生态化，构建三条产业数字转型路径（吕铁，2019；肖旭等，2019；李彦臻、任晓刚，2020；王玉柱，2018；Grimsley & Meehan，2007）。

四、数字经济与经济发展相关研究

魏冬冬（2011）认为，我国信息产业发展虽取得一定成效，但产业集中度过低、核心竞争力缺乏、创新网络建设滞后等短板同时存在。詹晓宁、欧阳永福（2018）认为，由数字经济创造的新业态、新型商业模式冲击着传统产业及其商业模式。作为经济增长新动能，数字经济凸显个人效用，回归财货价值本质，并利用数字技术将有限的资源用于有效供给的生产。通过更为深化的社会化生产分工网络以及产业信息化和信息产业化推动实现经济增长（陈明明、张文铖，2021）。

裴长洪、倪江飞和李越（2018）认为，基于资源配置、渗透融合、协同发展等方面，数字经济提高了相关产业生产率，极大推动产业结构优化升级与经济可持续发展。荆文君、孙宝文（2019）基于微观与宏观两个视角研究了数字经济在促进经济高质量发展方面的途径。微观层面形成平台经济、共享经济等新经济形态，宏观层面将互联网、云计算、大数据等新兴技术从要素投入、生产率、资源配置效率等途径实现经济社会高质量发展。基于经济发展质量理论视角。宋洋（2019）分析了数字经济驱动经济高质量发展机制。打破政策制度障碍，建设数字经济重大战略平台，打造世界级数字产业集群，提升数字技术对三大产业的融合度与渗透力。构建与数字经济发展相适应的监管机制和多元共治的协同治理机制成为数字经济高质量发展的靶向路径和政策供给（刘淑春，2019）。基于不同维度，构建数字经济驱动经济高质量发展理论框架（丁志帆，2020）。董有德、米筱筱（2019）基于投资引力模型研究了数字经济如何影响中国对外投资。数字经济能够有效促进全要素生产率增长（肖国安，2019）。张森、温军和刘红（2020）认为，理论创新、文化创新、科技创新、制度创新形成合力一致共同促进数字经济创新。

在实证方面，崔和李（Choi & Yi，2009）引入内生经济增长模型，通过将互联网应用水平作为代理变量进行实证研究，得出了互联网有效使用与社会经济发展具有正相关关系。奥利纳和西切尔（Oliner & Sichel，2000）经过对美国1995～2000年经济数据的实证研究，得出信息资本有效促进了美国1995～2000年经济增长率的提高。卡尔森（Carlsson，2004）认为，数字化信息与互联网深度融合催生"新经济"，催生的新经济在长期中无法测量其对生产率以及经济发展的影响。基于"一带一路"沿线53个国家或地区2007～2016年的面板数据，陈福中（2020）研究了数字经济、贸易自由度与经济增长关系。研究表明，数字经济与经济增长呈正相关关系，贸易自由度与经济增长呈现U型抛物线关系，自由贸易条件进一步放大数字经济对于经济增长的促进效应。马中东、宁朝山（2020）基于数字经济对制造业质量升级影响机理，引入中介效应模型，研究数字经济影响制造业质量升级效应。研究发现，数字经济显著促进现阶段制造业质量升级。宋洋（2020）认为，基于数字经济、技术创新和高质量发展逻辑关系，构建数字经济对高质量发展作用机制理论框架，对中国31个省级行政区域2014～2018年连续5年面板数据进行实证研究。结果表明，数字经济通过直接效应和间接效应对高质量发展和技术创新产生促进作用，数字经济对高质量发展所产生的促进作用中。并提出核心产业、创新体系、营商环境、市场监管和数据要素市场化等多方面促进数字经济发展。

还有学者进一步展开深入研究，梅杰斯（Meijers，2014）认为，互联网应用于传统产业是通过贸易而不是直接影响经济发展。电信与移动通信行业发展（Thompson & Garbacz 2007）、电子商务应用与信息技术资本投资（Ivus & Boland，2015；Jorgenson，2016）与经济增长显著正相关。在综合相关研究基础上，康铁祥（2008）设计数字经济规模测算方法，并实证测算了 2003～2005 年中国数字经济规模。

在实践中，数字经济真正引起政府重视始于 2008 年的金融危机之后。英国政府于 2009 年颁布《数字经济法案》，从法律视角保障了信息化产业发展（张亚菲，2013）。澳大利亚政府于 2010 年颁布《国家数字经济战略》，制定16 个相关行动计划，推动其全球领先数字经济体（逄健、朱欣民，2018）。

第二节　数字经济现状研究

自 21 世纪以来，中国从要素、投资等驱动向现代服务业创新驱动转型。数字经济进入新的裂变式发展阶段，数据成为新时代的全新的生产要素。数据获取、处理和共享等发生深远的变革。中央政府已将数字经济发展列入政府工作报告中。

一、中国数字经济现状研究

2016 年中国数字经济规模 22.58 万亿元，占 GDP 的 30.3%，居全球第二。[①]中国数字经济对 GDP 的贡献已达到 69.9%。截至 2017 年 6 月，全球网民总数达 38.9 亿，普及率为 51.7%。全球 22% 的 GDP 与涵盖技能和资本的数字

---

① 2016 年我国数字经济总量超 22 万亿占 GDP 比重超 30% ［EB/OL］. https：//www. sohu. com/a/208479869_120702，2017－12－05.

经济紧密相关。2018 年，中国数字经济规模达 31.3 万亿元，占 GDP 的比重达 34.8%。中国云计算规模已达 963 亿元，大数据产业规模达 5405 亿元，分别同比增长 39.2% 和 15%。中国移动互联网市场规模达 11.39 万亿，其中移动购物占据了主导地位，规模达到 8.85 万亿元。中国网络游戏市场规模约为 2871 亿元（其中，移动游戏市场规模约为 1647 亿元，电子竞技整体市场规模约为 940.5 亿元，PC 网络游戏市场规模 50.6 亿元），同比增长 21.9%，增速较 2017 年有所减缓。《中国互联网发展报告 2019》显示，截至 2019 年底，中国移动互联网用户规模达 13.19 亿，占据全球网民总规模的 32.17%；4G 基站总规模达到 544 万个，占据全球 4G 基站总量的一半以上；移动互联网接入流量消费达 1220 亿 GB，较去年同比增长 71.6%；电子商务交易规模 34.81 万亿元，已连续多年占据全球电子商务市场首位；网络支付交易额达 249.88 万亿元，移动支付普及率位于世界领先水平；全国数字经济增加值规模达 35.8 万亿元，已稳居世界第二位。截至 2019 年 6 月，中国光纤接入用户规模达 3.96 亿户，占互联网宽带接入用户总数的 91%。移动通信基站总数达 732 万个，其中 4G 基站 445 万个，2020 年 6 月中国正式进入 5G 商用元年。我国网民规模达到 8.29 亿，互联网普及率达 59.6%。2020 年中国数字经济规模超过 32 万亿元，占 GDP 的比重为 35%，到 2030 年，数字经济占 GDP 的比重将超过 50%，全面步入数字经济时代。①

　　2020 年，我国数字经济以技术创新驱动数字产业快速发展，以业态和模式创新赋能传统行业数字化转型，成为对冲疫情影响、平抑风险的经济"压舱石"。2020 年前三季度，工业机器人、集成电路产量同比分别增长 18.2%、14.7%，信息传输、软件和信息技术服务业同比增长 15.9%，高技术产业投资增长 9.1%，各项增长表现超过其他产业同期水平，在全国经济由负转正

---

① 王思北，施雨岑，商意盈. 世界互联网大会蓝皮书首次发布中国数字经济规模居全球第二 [EB/OL]. http：//www. gov. cn/guowuyuan/2017 - 12/04/content_5244395. htm，2017 - 12 -04.

中的牵引作用突显。①

表 6-4　　　　　　　2018 年中国互联网用户与市场重要数据　　　　　　单位：亿元

用户	市场	用户	市场
网民	8.29	第三方支付	2080700
即时通信	7.92	电子商务	316300
搜索引擎	6.81	网络零售	90100
网络新闻	6.75	网络广告	4914
网络视频	6.12	网络教育	3734.1
网络购物	6.10	网络游戏	2871

资料来源：根据相关资料整理而得。

在人工智能的帮助下，预计到 2035 年中国的生产效率可以提升 160%。预计 2035 年中国整体数字经济规模接近 16 万亿美元，总就业容量 4.15 亿人。2018 年我国数字经济总量达到 31.3 万亿元，占 GDP 比重超过 1/3，达到 34.8%，占比同比提升 1.9 个百分点。② 数字经济蓬勃发展，推动传统产业改造提升，为经济发展增添新动能，2018 年数字经济发展对 GDP 增长的贡献率达到 67.9%，贡献率同比提升 12.9 个百分点，超越部分发达国家水平，成为带动我国国民经济发展的核心关键力量。数字产业化规模达到 6.4 万亿元，在 GDP 中占比达到 7.1%，在数字经济中占比为 20.49%。2018 年我国产业数字化在数字经济中继续占据主导位置，2018 年产业数字化部分规模为 24.9 万亿元，同比名义增长 23.1%，在数字经济中占比为 79.51%。在数字经济中，产业数字化部分占比高于数字产业化部分占比，表明我国数字技术、

①　中研普华产业研究院. 中国数字经济行业市场规模分析　数字经济发展逐步上升至国家战略高度［EB/OL］. https：//www. chinairn. com/news/20220217/160609681. shtml，2022-02-17.
②　马云同诺奖得主热议数字经济发展　中国数字经济规模有多大？［EB/OL］. https：//baijiahao. baidu. com/s？id=1637320040715462255&wfr=spider&for=pc，2019-06-25.

产品、服务正在加速向各行各业融合渗透，对其他产业产出增长和效率提升的拉动作用不断增强。2019 年中国数字经济规模为 31.3 万亿元，占 GDP 比重达 34.8%，数字经济已成为中国经济增长的新引擎。[①] 此外，数据显示，北京、广东、上海、浙江、江苏五地的互联网发展分列全国前五。

二、国家层面与省级层面数字经济政策演化

自 2015 年我国提出"国家大数据战略"以来，推进数字经济发展和数字化转型的政策不断深化和落地，2017 年以来，"数字经济"开始写入政府工作报告，2020 年政府工作报告中明确提出"要继续出台支持政策，全面推进'互联网+'，打造数字经济新优势"。2015 年，"十三五"规划中明确实施国家大数据战略，推进数据资源开放共享。2017 年，党的十九大报告提出，推动"互联网+"深入发展，促进数字经济加快成长。2018 年，中央政府报告中提出，加大网络提速降费力度，实现高速宽带城乡全覆盖，扩大公共场所免费上网范围。2019 年，《国家数字经济创新发展试验区实施方案》颁布，计划在 5 个地方试点，通过 3 年左右探索，使数字产业化和产业数字化取得显著成效。2020 年，《关于构建更加完善的要素市场配置体制机制的意见》中，提出大力培育数字经济新业态，深入推进企业数字化转型，打造数据供应链。

到 2020 年底，我国 31 个省区市除新疆、宁夏外，其余地区均出台了数字经济专项政策，包括数字经济发展行动计划、产业规划、补贴政策等 60 余项，新疆、宁夏在政府工作报告中也提到了支持数字经济发展，我国数字经济国、省二级政策体系基本成型。

---

① AI 合成主播：中国数字经济规模达 31.3 万亿元［EB/OL］. https：//baijiahao. baidu. com/s? id = 1647980559696303101&wfr = spider&for = pc，2019 – 10 – 21.

表 6 – 5　　　　　　　　2015 ～ 2020 年国家层面数字经济发展政策

时间	政策/会议	内容
2015 年 11 月	《"十三五"规划》	实施国家大数据战略，推进数据资源开放共享
2017 年 10 月	党的十九大报告	突出关键共性技术、前沿引领技术、现代工程技术、颠覆性技术创新，为建设科技强国、质量强国、航天强国、网络强国、交通强国、数字中国、智慧社会提供有力支撑
2017 年 12 月	中共中央政治局第二次集体学习	推动实施国家大数据战略，加快完善数字基础设施，推进数据资源整合和开放共享，保障数据安全，加快建设数字中国
2019 年 8 月	《关于促进平台经济规范健康发展的指导意见》	首次从国家层面对发展平台经济做出全方位部署
2019 年 9 月	《禁止垄断协议暂行规定》《禁止滥用市场支配地位行为暂行规定》《制止滥用行政权力排除、限制竞争行为暂行规定》	一是明确市场份额认定的指标范围；二是规定认定具有市场支配地位的特殊考虑因素；三是规定低于成本价格销售商品特殊情形，对涉及互联网等新经济业态中免费模式，应当综合考虑经营者提供的免费商品及相关收费商品等情况
2019 年 10 月	《国家数字经济创新发展试验区实施方案》	在浙江、福建、广东等地区启动国家数字经济创新发展试验区创新工作。明确将数据作为一种新型生产要素写入政策文件
2019 年 11 月	党的十九届四中全会	推进数字政府建设，加强数据有序共享，依法保护个人隐私
2020 年 4 月	《关于构建更加完善的要素市场化配置体制机制的意见》	培育数字经济业态，推进企业数字化转型，打造数据供应链，以数据流引领物质流、人才流、技术流、资金流，形成产业链上下游和跨行业融合的数字化生态体系
2020 年 4 月	《关于推进"上云用数赋智"行动　培育新经济发展实施方案》	实施国家大数据战略，推进数据资源开放共享
2020 年 7 月	《关于支持新业态新模式健康发展　激活消费市场带动扩大就业的意见》	培育产业平台化发展生态、加快传统企业数字化转型步伐、打造跨越物理边界的"虚拟"产业园和产业集群、发展基于新技术的"无人经济"

资料来源：前瞻产业研究院整理。

随着战略的"数字经济"提出，各省份也加速提出"数字经济强省"战略。各地区相继提出了各自的数字经济目标。例如，江苏省提出，到"十三五"末，数字经济总量达 5.8 万亿元，到 2025 年，数字经济主导地位基本确立，总量达 14.5 万亿元。① 浙江省颁布《浙江省数字经济促进条例》与《浙江省国家数字经济创新发展试验区建设工作方案》，提出制定全国首部促进数字经济发展地方性法规，到 2022 年数字经济增加值达 4 万亿元，GDP 占比55%。② 甘肃省制定《甘肃省"上云用数赋智"行动方案（2020—2025）》，提出到 2025 年，数字经济规模总量 5000 亿元，成为西部"上云用数赋智"第一梯队省份的目标。北京市颁布《北京市促进数字经济创新发展行动纲要（2020—2022）》，提出体系化构建数字经济发展体制机制，实施 9 项重点工程。2022 年数字经济 GDP 占比 55% 等目标。③ 各地数字经济发展政策及目标见表 6 - 6、表 6 - 7。

表 6 - 6　　　　　　　　　近年来省份数字经济发展政策汇总

时间	省份	政策名称	内容
2021 年 1 月 4 日	上海	《关于全面推进上海城市数字化转型的意见》	数字产业化、产业数字化，放大数字经济辐射带动作用，助力"五型经济"发展
2020 年 12 月 30 日	浙江	《浙江省数字经济促进条例》	全国首部促进数字经济发展地方性法规
2020 年 12 月 22 日	浙江	《浙江省国家数字经济创新发展试验区建设工作方案》	2022 年数字经济增加值达 4 万亿元，GDP 占比 55%
2020 年 11 月 20 日	甘肃	《甘肃省"上云用数赋智"行动方案（2020—2025）》	2025 年，数字经济规模总量 5000 亿元，成为西部"上云用数赋智"第一梯队省份

---

① 数字经济成产业升级重大突破口 2030 年 GDP 占比将超 50% ［EB/OL］. http：//finance. china. com. cn/industry/20170717/4309657. shtml，2017 - 07 - 17.

② 浙江：到 2022 年数字经济增加值达 4 万亿　占全省 GDP 比重超过 55% ［EB/OL］. https：//baijiahao. baidu. com/s? id = 1686756535199267945&wfr = spider&for = pc，2020 - 12 - 22.

③ 北京市经济和信息化局关于印发《北京市促进数字经济创新发展行动纲要（2020—2022年）》的通知 ［EB/OL］. http：//www. beijing. gov. cn/zhengce/zhengcefagui/202009/t20200924_2089591. html，2020 - 09 - 22.

续表

时间	省份	政策名称	内容
2020 年 11 月 13 日	江苏	《关于深入推进数字经济发展的意见》	建设数字经济强省，打造四大高地，推进四大工程，实施 6 项保障
2020 年 11 月 28 日	广东	《广东省建设国家数字经济创新发展试验区工作方案的通知》	2022 年全省数字经济增加值 6 万亿元，GDP 占比 50%；电子信息制造业营业收入 5 万亿元，软件和信息服务业收入 1.4 万亿元
2020 年 10 月 22 日	辽宁	《辽宁省数字经济发展规划纲要》	"十四五"期间，实施九大领域 15 项重大工程
2020 年 9 月 23 日	北京	《北京市促进数字经济创新发展行动纲要（2020—2022）》	体系化构建数字经济发展体制机制，实施 9 项重点工程。2022 年数字经济 GDP 占比 55%
2020 年 8 月 14 日	海南	《智慧海南总体方案（2020—2025）》	推动优势产业数字化、智能化转型升级，建成立足南海、辐射 21 世纪海上丝绸之路沿线国家的开放型数字经济创新高地
2020 年 6 月 24 日	重庆	《重庆建设国家数字经济创新发展试验区工作方案》《重庆市建设国家新一代人工智能创新发展试验区实施方案》	力争到 2022 年，数字经济规模总量达万亿元级规模，GDP 占比 40%，人工智能新型基础设施保障体系与政策支撑体系基本建成，人工智能技术创新和产业发展进入全国第一方阵
2020 年 6 月 17 日	湖北	《加快发展数字经济，培育新的经济增长点若干措施》	实施 5G"万战工程"、大数据开发应用工程、万企上云工程、产业数字化改造工作、线上新经济培育工程"五大工程"
2010 年 5 月 29 日	福建	《2020 年数字福建建设工作要点》	2020 年新基建设、强化数据中心，加快培育数字经济优势企业
2020 年 5 月 29 日	宁夏	《2020 年江苏宁夏数字经济合作重点工作》	建设运行江苏宁夏数字经济合作平台，形成"江苏云"
2020 年 5 月 20 日	青海	《青海省数字经济发展实施意见》《青海省数字经济发展规划》	构建独具特色的"1119"数字经济发展促进体系，即构建一套"云上青海"数字经济发展框架
2020 年 5 月 20 日	西藏	《西藏自治区数字经济发展规划 2020—2025》	鼓励电子商务与快递企业合作，建设智能物流调配体系

时间	省份	政策名称	内容
2020 年 5 月 11 日	陕西	《陕西省数字经济产业发展引导目录（2020 版）》	明确数字经济 5 个领域 122 类数字经济产业类别
2020 年 4 月 22 日	江西	《江西省数字经济发展三年行动计划（2020—2022）》	2022 年数字经济增加值增速年均 26%，达 1.5 万亿元，建成 4 万个 5G 基站
2020 年 4 月 19 日	河北	《河北省数字经济发展规划（2020—2025）》	2025 年电子信息产业主营业务收入 5000 亿元，两化融合指数 94，全员劳动生产率 11 万元/人·年
2020 年 4 月 18 日	山东	《山东省省级数字经济园区管理办法（试行）》	2020 年支持 20 个数字经济平台、50 个省级数字经济园区
2020 年 3 月 10 日	内蒙古	《内蒙古自治区人民政府关于推进数字经济发展的意见》	2020 年数字经济基础设施进一步完善，数字化公共服务能力进一步增强
2020 年 1 月 18 日	湖南	《湖南省数字经济发展规划（2020—2025）》	2025 年进入全国前 10 强，突破 25000 亿元，年均复合增长率 15.8%，占 GDP 的 45%，数字产业化总量 7500 亿元，产业数字化总量 17500 亿元
2019 年 12 月 24 日	云南	《关于加快构建现代化产业体系的决定》	2025 年数字经济核心产业产值达 2000 亿元，2030 年达 4000 亿元，2035 年"数字云南"将成为面向东南亚辐射中心的重要支撑
2019 年 11 月 16 日	吉林	《关于以数字吉林建设为引领，加快新旧动能转换，推动高质量发展的意见》	重点谋划智能制造、智慧城市、数字政府等"十大工程"，明确"数字吉林"建设主要目标
2019 年 10 月 4 日	河南	《河南省数字经济发展重大工程》	2020 年大数据核心产业规模突破 1000 亿元、关联业态规模超过 5000 亿元
2019 年 9 月 12 日	山西	《山西省加快推进数字经济发展的实施意见》	2022 年数字经济规模突破 5000 亿元
2019 年 8 月 6 日	四川	《加快推进数字经济发展的指导意见》	2022 年数字经济总量超 2 万亿元，成为创新驱动发展重要力量
2019 年 6 月 3 日	天津	《天津市促进数字经济发展行动方案（2019—2023）》	2020 年加快发展工业互联网、数字车间、智能工厂 100 个，上云企业 6000 家，实施"互联网＋智能制造"等工厂

续表

时间	省份	政策名称	内容
2018 年 11 月 23 日	安徽	《支持数字经济发展若干政策》	推广智慧学校、医疗、养老，发展智慧旅游、交通，推进电子商务、智慧物流
2018 年 9 月 17 日	广西	《广西数字经济规划（2018—2025）》	2025 年，形成具有较强核心竞争力的数字经济生态体系，成为面向东盟的数字经济合作发展新高地和"一带一路"数字经济开放合作重要门户
2018 年 5 月 15 日	新疆	《"疆企上云"行动计划（2018—2020）》	实施"疆企上云"计划，形成一批中小企业"上云上平台"的标杆企业
2018 年 2 月 11 日	贵州	《贵州省实施"万企融合"大行动打好"数字经济"攻坚战方案的通知》	2018～2022 年建设 100 个融合标杆项目，实施 1000 个融合示范项目。2022 年带动 10000 户以上实体经济企业与大数据深度融合，数字经济增加值占地区生产总值的 33%

资料来源：前瞻产业研究院整理。

表 6－7　　　　　　　我国部分省市数字经济发展目标汇总

地区	数字经济发展目标
北京	2022 年数字经济增加值占地区生产总值的 55%
天津	2023 年数字经济占地区生产总值的比重全国领先
河北	2025 年电子信息产业主营业务收入 5000 亿元
上海	2025 年国际数字之都建设完成基本框架，2035 年成为具有世界影响力国际数字之都
浙江	2022 年数字经济增加值 4 万亿元，占生产总值的 55%
宁波	2022 年数字经济占生产总值的 45%
杭州	2022 年数字经济总量达 1.2 万亿元
南京	2022 年数字经济增加值达 10000 亿元，占生产总值的 56%
无锡	2022 年物联网产业营业收入 3600 亿元
广东	2022 年数字经济规模达 6 万亿元，占生产总值的 55%
深圳	2022 年数字经济增加值 2400 亿元，年均增速 15%；信息传输、软件、信息技术服务业营业收入 8000 亿元，年均增速 15%；软件业务收入 10000 亿元，年均增速 15%

地区	数字经济发展目标
佛山	2035 年数字经济总体规模 2 万亿元
重庆	2022 年数字经济总量万亿级规模，占生产总值的 40%，地区生产总值的增长贡献率 60%
四川	2022 年数字经济总量 2 万亿元
贵州	2025 年数字经济规模占生产总值的 33%
成都	2022 年数字经济总量 2 万亿元
福建	2020 年数字经济总量突破 2 万亿元
新疆	2020 年数字经济增加值达 3700 亿元，占生产总值的 27%
福州	2022 年全市数字经济规模 5000 亿元，占生产总值的 40%
武汉	2022 年数字经济增加值占生产总值的 50%
江西	2022 年全市数字经济增加值年均增速 26%，达 1.5 万亿元
山西	2022 年数字经济规模突破 5000 亿元
湖南	2025 年数字经济规模进入全国前 10 强，突破 25000 亿元
广西	2025 年数字经济规模占生产总值的 35%
甘肃	2025 年数字经济规模总量突破 5000 亿元
西安	2020 年数字经济规模达 3500 亿元，2021 年 4000 亿元，2022 年 5000 亿元
黑龙江	2025 年数字经济规模占生产总值的 36%

资料来源：根据相关资料整理而得。

三、山东省数字经济现状

2018 年，山东数字消费能力居全国第四位，仅次于广东、浙江和江苏，已成为数字消费大省。根据中国电子信息产业发展研究院发布的《中国大数据区域发展水平评估白皮书（2020 年）》显示，山东省区域大数据发展指数在全国 31 省区市中排名第四，也仅次于广东、浙江和江苏。

（一）加强顶层设计，成立山东省大数据局，大数据产业规划先行

2018 年 10 月 31 日，山东省大数据局挂牌成立。2019 年开始，"数字山

东"建设进入高速发展期。山东省大数据局作为省政府直属机构，负责牵头制定并组织实施全省大数据发展应用规划和政策措施，加快建设"数字山东"和"互联网＋政务服务"；统筹规划大数据基础设施建设，建立完善数据开放平台和标准体系，推动政府数据开放共享利用，承担政务服务平台建设管理工作；指导协调大数据产业发展，健全大数据安全保障体系等。近年来，山东率先建立"现代优势产业集群＋人工智能"推进机制，出台多个指导性文件，例如"互联网＋先进制造业""5G产业发展"等，开展"云行齐鲁""工业互联网牵手"等一系列专项行动，谋划储备工业互联网、5G、人工智能等新基建项目101个，总投入483亿元，强化新一代信息技术赋能工业经济增效作用。2020年4月18日《山东省省级数字经济园区管理办法（试行）》颁布，提出2020年支持20个数字经济平台、50个省级数字经济园区目标。[①] 为此，山东省深入开展"互联网＋"行动计划，加强与互联网公司战略合作，如阿里巴巴、京东等，促使互联网广泛融入山东省各行各业，不断涌现新技术、新业态、新模式、新产业，"两化融合""智能制造""数字经济""电子商务"等互联网"名词"层出不穷，强劲推动山东省新旧动能转换。在就业方面，2018年，阿里巴巴国内零售平台直接就业岗位1558万个，为山东省提供就业岗位数量位居全国31个省区市第六位。到2022年，全省数字经济占GDP比重由35%提高到45%以上，年均提高2个点以上，形成数字经济实力领先、数字化治理和服务模式创新的数字山东发展格局。同时，从数字基础设施、数据资源、数字产业化、产业数字化、数字政务、信息惠民等六个维度提出了具体量化目标。

根据山东省数字经济发展规划，山东省各市区相继出台了数字经济相关发展规划，推动数字经济快速发展（见表6-8）。2020年11月，山东省启动大数据企业入库工作。入库企业优先享受山东省大数据领域优惠扶持政策。

---

① 陈晓婉．山东出台省级数字经济园区管理办法［EB/OL］．http：//www.cac.gov.cn/2020 - 04/23/c_1589188236042920.htm，2020 - 04 - 23．

依托山东省政务信息系统共享交换平台，采用政务数据调用、社会数据补充、企业数据完善相结合相比对方式，搭建山东省大数据产业运行监测平台，探索用"大数据"方法对全省大数据企业进行全样本、常态化监测分析，精准"画像"山东省大数据产业。

表6-8 山东省出台支持大数据发展规划汇总

时间	规划名称	发布层级
2016 年 10 月	《关于促进大数据发展的意见》	山东省
2017 年 12 月	《关于促进山东省大数据产业加快发展的意见》	山东省
2018 年 10 月	《山东省新一代信息技术产业专项规划（2018—2022 年)》	山东省
2019 年 2 月	《数字山东发展规划（2018—2022)》	山东省
2019 年 7 月	《山东省支持数字经济发展的意见》	山东省
2019 年 9 月	《山东省数字经济园区（试点）建设行动方案》	山东省
2020 年 11 月	《山东省大数据发展创新平台体系建设工作方案（试行)》	山东省
2020 年 12 月	《山东省推进工业大数据发展的实施方案（2020—2022)》	山东省
2019 年 1 月	《潍坊市数字经济发展规划（2018—2022 年)》	潍坊市
2019 年 1 月	《促进先进制造业和数字经济发展的若干政策措施》	济南市
2019 年 1 月	《潍坊市推进数字经济发展的实施意见》	潍坊市
2019 年 6 月	《大数据与新一代信息技术产业发展规划（2018—2022 年)》	济南市
2019 年 11 月	《数字烟台发展规划（2019—2023)》	烟台市
2019 年 11 月	《滨州市大数据产业发展规划（2019—2023)》	滨州市
2019 年 12 月	《数字青岛发展规划（2019—2022)》	青岛市
2019 年 12 月	《临沂市支持数字经济发展实施意见》	临沂市
2019 年 12 月	《滨州市支持数字经济的若干政策》	滨州市
2020 年 1 月	《关于支持数字经济发展的实施意见》	青岛市
2020 年 1 月	《日照市关于支持数字经济发展的若干政策措施》	日照市
2020 年 3 月	《关于支持先进制造业和数字经济发展的若干政策措施》	威海市
2020 年 4 月	《聊城市支持数字经济发展的实施意见》	聊城市
2020 年 6 月	《淄博市支持数字经济发展的若干措施》	淄博市

资料来源：根据相关资料整理而得。

（二）大数据产业支持政策相继出台，为山东省大数据产业发展保驾护航

大数据技术产品包括基础产品、工具产品、应用产品和数据产品。大数据服务产品包括资源型服务产品、技术型服务产品、设施型服务产品、交易型服务产品、事务型服务产品和管理型服务产品。山东省入库大数据企业中，拥有应用型产品企业占比 73.62%，技术型服务产品占比 80.57%。① 应用型产品和技术型服务产品在山东省大数据业务中占据明显的主导地位。山东省入库大数据企业中，年营业收入超过 500 万元企业占比 69%，大数据业务年营业收入超过 500 万元企业占比 56%，山东省从事大数据业务企业以规模以上企业为主，中小企业明显处于不利位置。在规模以上入库大数据企业中，年营业收入超过 1 亿元企业占比 17%，全年大数据业务收入超过 1 亿元企业占比 6%。山东省大数据业务为主的龙头企业、大型企业、头部企业相对偏少。鼓励大数据业务为主的大数据企业做大做强将是山东省"十四五"期间大数据产业发展的主要努力方向，同时要对中小企业深度融入大数据产业发展提供有力支持。

（三）大数据产业园区成为"十四五"时期山东省大数据产业发展的重要支撑点

数字经济园区是数字经济集聚发展的重要载体。2019 年 12 月，山东省首批 36 家省级数字经济园区试点建设名单出炉，数字经济发展有了"主阵地"。日前，山东省发布全国首个省级数字经济园区管理办法和建设指标，推动人才、资本、技术、数据等生产要素向园区集聚。

---

① 前瞻产业研究院.2022 年山东省大数据行业市场现状及区域格局分析 山东省行业优质企业数量约 700 家 [EB/OL]. http：//app. myzaker. com/news/article. php？pk = 6247e9e68e9f091ee749ddb4&f = normal，2022 - 04 - 02.

1. 突出特色，小切口撬动大场景

首批6家省级示范数字经济园区（试点），山东省（中国广电·青岛）5G高新视频实验园区是其中之一。5G高新视频融合了4K/8K、3D、VR/AR/MR等高新技术格式，有更加丰富的应用场景，使各行业领域中"身临其境"应用场景变成现实。在娱乐领域等现代服务业成熟后，5G高新视频逐渐赋能诸如智慧医疗、智慧教育等其他领域。小切口、大场景，不只是5G高新视频园区特色，更是数字经济一大特征，也是入选省级示范数字经济园区的6家园区的共性。细分领域明确包括5G高新视频、大数据、物联网、智能装备。力争园区特色化凸显、差异化发展，打造各具特色、优势互补、差异化发展的园区建设格局。

2. 技术立身，从卖产品到卖服务

发展数字经济关键是掌握核心科技。技术改变不止于产品市场更替，更要变革传统盈利模式，从产品转向服务、生态。引进物联网大数据分析、计算、处理平台项目，使视频标准研发重点实验室、富士康8K+5G超高清视频实验室、腾讯5G高新视频实验室等行业重头实验室落地，集中技术、内容和产业优势力量，开发适合5G承载的高新视频产品，打造5G高新视频产业集群高地。

3. 上下联动，产业链集聚作用渐显

支持近眼显示、内容制作、感知交互、设备研发、场景应用等VR领域顶尖科技企业的发展。以新育新，形成"惯性导航+卫星导航+组合导航"全覆盖的自主研发生产链条，布局航空电子、智能无人机、MEMS制造、无人系统、智能制造等智能物联产品业务，全面拓展产品在国防装备、航空航天、测量勘测、智能交通等领域的应用。引导数字经济园区建设向规范化、前沿化、特色化、集群化、绿色化方向发展。

4. 加强大数据产业试点示范项目培育

山东省积极加强大数据产业试点示范项目培育工程，成绩显著。根据《工业和信息化部办公厅关于公布2020年大数据产业发展试点示范项目名单的通知》，全国2020年大数据产业发展试点示范项目共200项，山东省占据15项（见表6-9），位居全国第二位。政府、企业、高校、科研院所等相继成立大数据研究中心，加强山东省大数据产业发展。截至2021年12月，山东省共有10所院校设置了大数据相关学院，中国海洋大学、中国石油大学（华东）、山东科技大学、青岛科技大学等近40所高校开设了与数据科学、大数据技术等相关专业。

表6-9 山东省2020年大数据产业发展试点示范项目

序号	单位名称	项目名称	所在市
1	赛轮集团股份有限公司	基于智能制造的轮胎企业工业大数据应用	青岛
2	万华化学集团股份有限公司	万华化工新材料大数据产业化应用项目	烟台
3	临沂矿业集团有限责任公司	大数据赋能企业数字化转型项目	临沂
4	中车青岛四方车辆研究所有限公司	轨道交通车辆智能运维大数据融合应用建设	青岛
5	国网山东省电力公司	基于"智能电网+泛在电力物联网"的供电企业大数据融合应用平台	济南
6	山东博远重工有限公司	基建物资大数据租赁共享平台项目	滨州
7	烟台东方威思顿电器有限公司	智能计量大数据云平台	烟台
8	浪潮软件集团有限公司	基于健康医疗大数据的医疗健康创新应用	济南
9	青岛海尔生物医疗股份有限公司	面向智慧医疗的疫苗与血液大数据管理平台建设与应用示范	青岛
10	中科曙光国际信息产业有限公司	三建联动网络化创新治理系统	青岛

续表

序号	单位名称	项目名称	所在市
11	北京航空航天大学青岛研究院	空天地海大数据应用平台	青岛
12	山东顺能网络科技有限公司	医联山东健康服务平台系统	济南
13	山东阿帕网络技术有限公司	物流大数据分析与应用平台	临沂
14	山大地维软件有限公司	支持海量多源数据集成与资源自适应优化的民生服务大数据应用支撑平台研发及应用示范	济南
15	潍柴动力股份有限公司	基于 DCMM 的数据管理能力提升与应用示范项目	潍坊

资料来源：根据相关资料整理而得。

同时，成立数据中心。数据中心被业界称为"新基建基石"，助力政府、企业、公众等领域数据存储与算力。2020 年 3 月，《关于山东省数据基础设施建设的指导意见》正式发布，明确提出要推进数据中心规模化发展，支持济南、青岛、枣庄等地区做大做强全国性社会化大数据中心。2020 年 11 月，山东省政府出台《山东省新基建三年行动方案（2020—2022 年）》，提出打造济南、青岛两个低时延数据中心核心区，建设 5 个左右省级数据中心集聚区。① 目前，山东省已经成立了山东数据交易平台与青岛大数据交易中心。

以数字基础设施、数据资源体系、网络安全保障为支撑，聚焦建设数字政府、发展数字经济、构建数字社会三大任务，推动经济社会各领域数字化转型发展，助力全省新旧动能转换和高质量发展，为实现"走在前列、全面开创"提供强劲新引擎。

---

① 《山东省新基建三年行动方案（2020—2022 年）》正式出台［EB/OL］. https：//zhuanlan. zhihu. com/p/334310254，2020 - 12 - 08.

（四）山东省数字经济存在问题

1. 数字技术与实体经济在融合过程中仍存在短板

中国信息通信研究院政策与经济研究所所长鲁春丛（2017）表示，我国数字经济三大产业发展失衡，第三产业数字经济发展较为超前，第一、第二产业则相对滞后。目前市场准入监管与数字经济发展不相适应，应探索推进负面清单管理模式，破除行业和地域壁垒，保护各类市场主体依法平等进入。他建议，一方面，清理和调整不适应数字经济发展的行政许可、商事登记等事项及相关制度，为新业态、新模式提供试错空间，激发社会创造力；另一方面，创新监管方式，建立以信用为核心的市场监管机制，积极运用大数据、云计算等技术手段提升政府监管能力，建立和完善符合数字经济发展特点的竞争监管政策，营造数字经济公平竞争市场环境。

2. 数字基础设施、数据资源体系尚未完全跟上快速推进的数字产业发展需求

2018 年，山东数字经济总量超过 2 万亿元，规模紧跟在广东、江苏之后，位列第三。但从数字经济占 GDP 比重看，山东为 35%，不及上海、北京的 50%，与广东、江苏的 40% 也有差距，处于全国第三梯队。① 《中国新基建竞争力指数白皮书（2020）》显示，山东竞争力指数 79.6，全国排名第七，低于东部省份平均指数 81.2。山东信息基础设施能力偏弱，亟待加强新基建投入，特别是数据基础设施建设。政府部门间信息"孤岛"和信息"烟囱"严重，整合困难，无法有效利用存储空间和数据。数据孤岛在企业中广泛存在。部门墙、业务墙壁垒严重，数据隔阂加大，存储系统缺乏有效整合加剧

---

① 2022 年数字经济目标占比 45%，山东加速数据基础设施布局［EB/OL］. https：//www. sohu. com/a/415802809_610727，2020 – 08 – 31.

企业数据转化"鸿沟"。存储系统低效异构、业务数据快速增长挤占储存空间。数据统计显示,企业存储数据使用率低于10%,90%数据有效利用不足,加大企业成本负担,不利于山东数字经济快速推进。①

3. 数字经济安全风险引发担忧

数字经济带来的个人隐私泄露及受攻击造成财物损失风险引发了担忧。2014年,美国两家大型零售商 Target 和 HomeDepot 分别泄露7000万和5600万用户信用卡支付信息以及电子邮件地址。② 皮尤调查中心2014年一项调查表明,个人信息已不受控制占比91%;欧洲2015年一项调查表明,在调查样本中担忧个人信息被滥用的占比43%,有信息安全担忧的占比42%;英国2014年一项调查表明,81%英国大型机构受到信息泄密困扰。③ 个人因信息泄露带来损失在一年之内增长一倍。加拿大、德国等数字经济较为发达的国家也都因信息安全问题遭受经济损失。

4. 数字经济发展路径同质化趋势明显,资金、人才等关键资源争夺加剧不平衡发展

当前,各地纷纷把数字经济作为"十四五"时期谋发展的战略必争领域,在数字产业化、产业数字化以及数字政府、智慧城市、数据要素市场培育等方面进一步加大投入。但由于缺少统筹规划和分工协同,大多数地方在产业方向、政策设计、项目建设等方面的举措和路径相似,特色和亮点不足。在已发布数字经济政策的省份中,均提出在人工智能领域加快发展,但大多省份并未列明细分领域及重点突破方向。同时,各地对数据要素、头部企业、

---

① 清华大学互联网产业研究院. 中国新基建竞争力指数白皮书(2020)[EB/OL]. http://www. iii. tsinghua. edu. cn/info/1096/2767. htm,2021 – 08 – 20.

② 王灏晨. 观察:国外数字经济的特点及经验[J]. 大数据时代,2017(1):20 – 27.

③ 王灏晨. 国外数字经济发展及对中国的启示[EB/OL]. http://www. sic. gov. cn/News/456/8693. htm,2017 – 12 – 21.

数字人才等创新资源的争夺也日益激烈。

5. 企业经营面临的不确定性风险增加，数字经济营商环境有待进一步优化

当前，受全球经济下行、疫情对国际产业链供应链的冲击等因素影响企业经营面临的不确定性因素增加。同时，市场准入准营服务的便利化吸引更多的市场主体进入，也一定程度加剧了企业的经营困境。面对需求更多元、产品迭代更快的市场，企业经营诉求已从便捷准入向政策宣传贯彻、精准补贴、市场对接、包容创新等方向转变，而部分现行政策扶持精准度不高、奖励兑现较慢、"刚性兑现"不足等问题有待进一步优化。

6. 数字平台垄断监管收紧可能阻碍市场创新，平台自治、数据垄断等监管难点亟待突破

当前，随着数字平台规模的不断扩大，平台对资本、流量、技术、数据等资源掌控力逐步增强，"大数据杀熟""二选一"等利用算法规制用户现象频出，平台对于用户行为、企业运作、市场运营等的自治规则话语权日益升级。2020 年 11 月，市场监管总局就《关于平台经济领域的反垄断指南（征求意见稿）》公开征求意见，对数字平台利用数据、算法等优势进行无序竞争的行为提出明确约束，但也可能一定程度影响平台的持续创新。在规章条文之外，待探索更多元的手段，促进有效监管和包容发展之间的平衡。

四、国外数字经济发展

数字经济正成为各个国家经济发展的主要发展方向，相关的实践经验与战略规划见表 6 - 10、表 6 - 11。

表 6 – 10　　　发达国家大数据、人工智能与中小企业融合实践经验总结

主要模式	支撑战略	代表性做法	关键要素
美国制度引导模式	信息高速公路战略（1992）；先进制造技术计划（1993）；敏捷制造使能技术战略发展计划（1995）；下一代制造技术计划（2004）；数字经济战略（2008）；大数据战略（2012）；国家制造业创新网络计划（2012）；数字政府战略（2015）；国家人工智能研究与发展策略规划（2016）	①顶层设计建立起严密法律体系；②政府数据积极开放；③氛围积极营造，覆盖面积扩大；④制度和政策激发中小企业积极性；⑤加强安全和隐私保护	政府积极开放，制度设计完善，数据保护较好，数据共享充分，人才资源充足
德国平台推动模式	Production 2000 计划（1995）；微系统技术 2000 + 计划（2000）；ITK2020（2007）；德国 2020 高技术战略（2010）；数字德国 2015（2010）；数字议程 2014—2017（2014）；数字化战略（2025）（2016）	①构建工业 4.0 平台服务中小企业；②依托平台构建中小企业能力中心；③系统规范的数据保护法律；④利用协会平台推动行业数据共享	工业平台完善，数据保护较好，行业数据共享充分
英国政府激励模式	高价值制造战略（2008）；低碳工业战略（2009）；数字英国计划（2009）；数字经济法案（2010）；信息经济战略（2013）；工业 2050（2013）；数字经济战略（2015）；现代工业战略（2017）	①政府与公共部门积极培育分类指导企业信息化；②建设数字政府开放政府数据；③规定政府优先采购中小企业产品；④指定银行与征信机构共享数据	政府能动性强，激励机制积极，数据共享充分，人才培养完善
日本机构拉动模式	e-Japan 战略（2001）；u-Japan 战略（2004）；i-Japan 战略（2009）；ICT 增长战略（2013）；制造业白皮书（2015）；第四次工业革命（2016）	①引导信息化主体民间专业机构；②行业协会发达，控制力较强；③会员制数据共享方式；④企业重视信息获取	民间机构发达，企业意愿较强，数据共享方式独特
中国融合发展模式	2006～2020 年国家信息化发展战略（2005）；中国制造 2025（2015）；"互联网＋"行动计划（2015）；国家信息化发展战略纲要（2016）；网络强国战略（2016）；新一代人工智能发展规划（2017）	①信息与工业融合；②技术引进与创新融合；③信息技术与传统产业融合培育新产业、新业态；④各级政府积极引导；⑤突出试点示范引导作用	强力引导政府，技术再创新能力，潜在市场巨大，产业体系健全

资料来源：笔者整理。

表 6 - 11　　　　　　　　主要国家和地区的数字经济战略

国家/地区	时间	战略
美国	2015 年 11 月	《数字经济议程》
美国	2016 年 12 月	《加强国家网络安全——促进数字经济安全与发展》
欧盟	2010 年 5 月	《欧洲数字议程》
欧盟	2015 年 5 月	《数字单一市场战略》
欧盟	2016 年 4 月	《产业数字化新规划》
英国	2009 年 6 月	《数字英国》
英国	2013 年 6 月	《信息经济战略》
英国	2015 年 2 月	《英国 2015—2018 年数字经济战略》
英国	2017 年 3 月	《数字化战略》
英国	2017 年 5 月	《数字经济法案》正式成为生效法律
德国	2010 年 11 月	《数字德国 2015》
德国	2014 年 8 月	《数字议程（2014—2017）》
德国	2016 年 3 月	《数字战略 2025》
法国	2008 年 10 月	《2012 数字法国计划》
法国	2011 年 12 月	《数字法国 2020》
法国	2013 年 1 月	《数字化路线图》
俄罗斯	2017 年 7 月	《俄罗斯联邦数字经济规划》
捷克	2013 年	《数字捷克 2.0 版》
澳大利亚	2004 年 7 月	《信息时代机遇和挑战：澳大利亚走向信息经济战略框架（2004—2006）》
澳大利亚	2011 年 5 月	《国家数字经济战略》
澳大利亚	2016 年 10 月	《澳大利亚数字经济升级》
印度	2015 年 7 月	《数字印度》

资料来源：笔者整理。

互联网、大数据、人工智能也正不断与实体经济深入融合，数字经济已成为世界各地经济增长的新引擎。根据互联网统计公司斯塔蒂斯塔（Statista）报告，全球零售类电子商务销售额 2013 年 8398 亿美元，2015 年 1.55 万亿美元，2020 年 4.06 万亿美元。经合组织（OECD）2015 年《数字经济展望报告》显示，无线宽带每百人用户数超过 100，芬兰（131.58）、日本（116.4）和澳大利亚（115.23）占据前三名，韩国为 105.27，美国为 101.43。①

（一）数字经济在美国的发展

2017 年，美国数字经济总量的 GDP 占比达 33%，并已设立数字经济顾问委员会；英国出台《数字经济战略》，以建设数字化强国为发展目标；德国发布《数字战略 2025》，全面实施工业 4.0；日本更提出建设"超智能社会"，将网络与现实空间融合发展。截至 2016 年底，全球市值最高的十家公司中就有苹果、谷歌、微软、亚马逊和脸书（Facebook）等 5 家属于数字经济范畴。

网络零售业货物及服务销售额，美国 2016 年 3429.6 亿美元，2020 年 6840 亿美元。②

移动商务快速崛起。2016 年，美国至少有一次移动消费的用户约有 1.36 亿，移动零售业收入达 1159 亿美元，占当年网络零售总额 34.8%，2020 年 3358 亿美元，占比 50%。2015 年，韩国至少有一次手机消费的用户占比 33.3%，金额达到 178.7 亿美元，占比近 50%。③

联合国贸易和发展会议（UNCTAD）2019 年 9 月首次发布一份长达 194 页的有关数字经济的报告，呼吁各国重视数字经济。全球数字财富高度集中于中美的商业平台。美国和中国占所有与区块链技术相关专利的 75%，占全球物联网（IoT）支出的 50%，占云计算市场的 75% 以上，占全球 70 家最大数字平台公司市值的 90% 以上。另据斯塔蒂斯塔（Statista）调查公司的数据，在 2019 年全球数字产业排名中，中国以 25 万亿美元的产业规模高居第一，美国以 19 万亿美元的产业规模列第二位，相比之下，英国、日本、德国

---

① ② 王灏晨. 国外数字经济发展的特点 [J]. 瞭望，2017（6）：80－81.
③ 李铭. 美国零售业迎来移动电子商务时代 [N]. 科技日报，2015－01－15（4）.

等的数字经济规模在 5 万亿美元以下，比如德国只有 2.5 万亿美元。[①]

（二）数字经济在欧盟的发展

欧盟委员会发布的《2020 年数字经济与社会指数》报告显示，在新冠肺炎疫情大流行背景下，更加凸显数字经济重要作用。整体数字化水平方面，芬兰、瑞典、丹麦、荷兰最高。联通性方面，2019 年，安装固定宽带家庭占比 78%；整个欧洲已全覆盖 4G 网络，17 个国家分配 5G 频谱，芬兰、德国、匈牙利、意大利较为领先。人力资源方面，欧洲人基本数字技能缺乏占比 42%，2018 年欧盟信息技术专业人才共有 910 万人。网络使用方面，每人每周至少使用一次互联网占比 85%；视频通话使用量增长最快，依次为网上银行和网络购物。数字技术方面，大企业数字化程度高，大企业依靠云服务占比 38.5%，大企业使用大数据分析占比 32.7%，这两者中小企业占比分别为 17% 和 12%。以线上方式销售商品和服务，大企业占比 39%，中小企业占比 17.5%。公共服务方面，在线方式提交行政审批表格占比 67%，依次为爱沙尼亚、西班牙、丹麦、芬兰、拉脱维亚等。疫情凸显了在线社交重要性。[②]

根据波士顿咨询公司发布报告，电子商务总规模，英国 2012 年占当年 GDP 的 9.5%，2013 年，电子商务中 B2C 市场规模 1070 亿欧元，是第二名法国的 2 倍。在零售业方面，英国 2016 年线上购物达 600 亿英镑。[③]

英国、日本和澳大利亚均推出了各自的行动计划。英国目标是成为 21 世纪文化大国并于 2015 年颁布了《数字经济战略（2015—2018）》。该战略侧重于对数字文化创新的扶持和激励，为英国建设数字化强国确定方向。其包

---

① 邵华. 2021 展望：计算机软件：科创大时代，软件筑国魂！［EB/OL］. https：//caifuhao. east-money. com/news/20201209103028154787020，2020 - 12 - 09.

② 欧委会发布 2020 年数字经济和社会指数［EB/OL］. https：//weibo. com/ttarticle/p/show？id = 2309404516123210023400.

③ 全球十大顶尖数字经济国家，谁的发展潜力最大？［EB/OL］. https：//baijiahao. baidu. com/s？id = 1706594261139353466&wfr = spider&for = pc，2021 - 07 - 29.

含 5 项战略目标，分别是：奖励数字化创新者，帮助数字化创新者，建设以用户为中心的数字化社会，促进基础设施、平台及生态系统建设，以及确保数字化创新的可持续发展。澳大利亚希望在 2020 年在全球数字经济中处于领导地位，其 2011 年启动国家数字经济战略（National Digital Economy Strategy，NDES）。该战略涵盖至 2020 年时需要达到的 8 个目标，这 8 个目标涵盖了如下领域：家庭宽带接入率、企业及非营利机构互联网使用率、智能技术覆盖率、老年人及脆弱人群电子健康档案、远程医疗、远程教学、远程办公、电子政务。这些国家，根据不同的发展战略、发展目标，设置并扶持重点方向，以此推动数字经济在本国的发展。

以英国为例，数字国家战略已成为该国面对未来世界挑战、主动转变发展思路的应对之策。2008 年全球金融危机后，作为老牌工业强国的英国意识到转变发展思路的紧迫性，于 2009 年推出了《数字英国》这一数字改革的纲领性文件，被誉为英国政府的"自省"战略。时任首相戈登·布朗将其与"19 世纪修建的桥梁、公路和铁路是工业革命的基础"拿来做比较。2010 年，伦敦宣布打造全球科技中心，颁布"迷你硅谷"发展计划，投入 4 亿英镑支持东伦敦科技城的发展，制定优惠政策并确保新建筑中的一部分空间用作孵化区……很快，欧洲最大的科技创业生态系统在伦敦形成，紧接着集聚示范效应开始显现，雷丁和布拉克内尔、布里斯托尔和巴斯、曼彻斯特和伯明翰等地也构建了数字产业集群，围绕南安普敦、康沃尔和邓迪打造各类新兴集群。2018 年，英国数字经济增速达 4.6%，占经济总额的 14.4%，首次超过工业部门。①

为了确保数字战略的顺利落地，英国不仅推出多项改革措施加速向数字经济转型，更通过立法予以保障和支撑，促进了各类规划的快速推进。2010 年，英国颁布《数字经济法草案》，引发全球数字经济立法潮；2012 年，为

---

① 吴昀华. 把握全球数字经济发展新态势 [J]. 群众，2020（12）：29 – 31.

推进政府服务在线能力建设，出台《政府数字战略（2012）》；2016 年，发布《国家网络安全战略》，目标是至 2021 年在数字化世界中建立安全体系。

脱欧后如何重塑英国全球竞争力和影响力，数字经济被视为支撑未来英国竞争力的强大支柱之一。2017 年，英国发布《数字战略》，涵盖连接战略、数字技能与包容性战略、数字经济战略、数字转型战略、网络空间战略、数字政府战略和数据经济战略等七大部分，目标旨在将数字部门的经济贡献值从 2015 年的 1180 亿英镑提高到 2025 年的 2000 亿英镑，打造世界一流的数字经济。[①]

（三）亚洲数字经济发展

韩国数字经济 GDP 占比最高。根据 OECD 报告，2013 年韩国数字经济GDP 占比高于 10%，2015 年网络购物网民占比 58.3%，电子零售业销售额达191.2 亿美元，约占当年全国零售业销售额 1/10。[②]

日本希望将数字技术融入生活，于 2009 年制定了《2015 年 i-Japan 战略》。该战略着力于 3 个领域的重点应用，即通过电子政务推进政府透明、廉洁、高效；通过电子医疗保健建立居民个人电子健康档案；通过教育和人力资源领域建设，提高学生学习的积极性，培养信息技术人才。

（四）中国与世界发达国家差距比较

从表 6 - 12、表 6 - 13 可以看出，相对于庞大的互联网用户，我国数字经济的发展在各个领域与发达国家有着一定的差距。

---

① 数字英国的崛起：政府开辟改革道路，大数据孕育智能城市［EB/OL］. https：//www. sohu. com/a/287172620_100226463，2019 - 01 - 07.

② 王灏晨. 国外数字经济发展及对中国的启示［EB/OL］. http：//www. sic. gov. cn/News/456/8693. htm，2017 - 12 - 21.

表 6 − 12 全球互联网用户规模排名（前五）

排名	国家	用户数（人）	覆盖率（%）
1	美国	68536800	21
2	中国	61583100	4.5
3	韩国	46916100	93
4	西班牙	30120000	65
5	加拿大	15992400	44

资料来源：VIAVI 最新研究显示：中国已成为全球第二大千兆互联网使用国 ［EB/OL］. http：// www.c-fol. net/news/4_201911/20191128123234. html，2019 − 11 − 18。

表 6 − 13 中国与世界其他国家和地区数字经济发展比较 单位：%

领域	美国	中国	其他国家和地区
数字经济总量	35	13	日本（8）
全球 70 大数字平台企业市值	68	22	欧洲（3.6）
独角兽企业数量	34.7	47.8	英国（3.5）
人工智能专利数量	30	30	日本（18）
区块链专利数量	25.3	49.7	——
物联网领域投入	26	24	日本（9）
3D 打印领域投入	36	14	西欧（26）
全球主要云计算厂商市场份额	69.1	7.7	——
全球数据中心	40	2	英国（6）
ICT 服务业附加值	32.3	11.3	日本（8）
ICT 制造业附加值	19	32	日本（10）、韩国（10）
ICT 货物贸易出口额	4	38	欧盟（18）

资料来源：腾讯研究院，2021。

第三节 数字经济助力中小企业融合
关键要素实证研究

当前数字经济已成为世界各国的发展战略与全球经济竞争、产业竞争和迈向价值链高端竞争的制高点。美国、德国、英国、法国、日本等先后颁布"先进制造业国家战略计划""工业4.0""工业2050战略""新工业法国计划""再兴战略"等国家数字战略。中国也于2018年启动"中国数字经济战略"。数字经济带来了经济高质量发展新机遇,在实现产业转型升级等方面有显著的促进效应。通过数字经济与中小企业深度融合,进行数字化转型,将提升生产效率、增加产出,叠加数字经济内涵,实现"创造性变革"(赵振、彭毫,2018)。数字经济助力中小企业已成为"融合性经济"的代名词。

一、研究设计

(一)实证模型

为科学回答"大数据、人工智能、云计算等数字经济是如何深度融入中小企业发展、如何影响中小企业发展"这个问题,本研究从以下三个方面建立相应的计量模型。一是构建基准模型,用于评估大数据、人工智能、云计算等数字经济深度融合中小企业的总体效应;二是运用分位数回归进一步估计基准模型,揭示数字经济深度融合中小企业的条件性特征变量;三是构建数字经济界面门槛模型,用于刻画数字大数据、人工智能、云计算等为代表的数字经济深度融入中小企业的阶段性特征。

基准模型为：

$$RE_{it} = \alpha + \beta DE_{it} + \delta CON_{it} + \mu_{it} \qquad (6-1)$$

其中，i 表示行业，t 表示时间，RE 表示大数据、人工智能与中小企业融合程度，DE 表示大数据、人工智能发展水平，CON 为控制变量。基于截面数据的异方差性问题，本研究采用加权最小二乘法（WLS）估计基准模型。

大数据、人工智能深度融合中小企业需要以中小企业发展到一定水平为前提条件。因此，本研究运用康克和巴塞特（Koenker & Bassett，1978）所提出的分位数回归法评估模型（6-1）。以中小企业发展水平分位数为解释变量的回归，用于反映在中小企业不同发展水平上，大数据、人工智能对其影响的变动性，从而揭示大数据、人工智能与中小企业深度融合的条件性问题。

由于大数据、人工智能的阶段性特征明显，为适应大数据、人工智能更新换代的快速性对中小企业阶段性影响，本研究又采用 Hansen 理论，构建截面门槛回归模型。假定大数据、人工智能发展水平临界值为 q，本研究将大数据、人工智能发展水平划分为高水平发展阶段（DE 大于 q）与中低发展水平阶段（DE 小于等于 q）。基于变化比较系数反映大数据、人工智能不同发展水平下的中小企业融合的差异性。

（二）变量说明

1. 因变量：大数据、人工智能等数字经济与中小企业融合程度（RE）

对于大数据、人工智能等数字经济与中小企业融合程度的界定不同专家学者有不同的界定。基于微观与宏观两个视角研究了大数据、人工智能等数字经济与中小企业融合（荆文君、孙宝文，2019）。微观层面形成平台经济、共享经济等新经济形态，宏观层面将互联网、云计算、大数据等新兴技术从要素投入、生产率、资源配置效率等途径实现大数据、人工智能等数字经济与中小企业融合发展。基于以上认识，本研究从融合战略、管理（王慧英，2005），要素投入（李玎玎、李雪灵，2021），技术储备（谢康等，2021），技术、产品、供给、需求融合（张轶龙等，2013），融合质量等加以测量大数据、人工智能等数字经济与中小企业融合程度。

2. 自变量：大数据、人工智能等数字经济发展水平（DE）

大数据、人工智能发展水平一般采用"互联网＋"数字经济指数来表示。该指数由基础、产业、双创、智慧民生四个分指数加权平均所得，详见公式（6－2）。通过大数据、人工智能等"互联网＋"两化融合的中小企业所在的产业，主要是以实体经济产业为主体的基础性、民生性产业。在理论上，大数据、人工智能等数字经济与中小企业相互共生、相互促进。

$$DE = \alpha_{insfra}基础 + \alpha_{industry}产业 + \alpha_{venture}双创 + \alpha_{city}智慧民生 \qquad (6-2)$$

3. 控制变量

大数据、人工智能等数字经济与中小企业融合除了受大数据、人工智能发展水平外，还受到技术创新（TI）、人力资源（HR）、资金支持（FS）、基础设施（IN）、企业战略（ES）、制度环境（IE）等关键因素的影响。为此，本研究选取技术创新（TI）、人力资源（HR）、资金支持（FS）、基础设施（IN）、企业战略（ES）、制度环境（IE）六个控制变量。其中，技术创新（TI）是指生产技术的创新，包括开发新技术，或者将已有的技术进行应用创新，用中小企业年均专利数来衡量；人力资源（HR）是指企业组织生产经营活动而录（任）用的各种人员，包括董事、监事、高级管理人员和全体员工，用中小企业具有硕士以上学位人数来衡量；资金支持（FS）是指中小企业用于数字经济资金数量，用数字经济专项资金来衡量；基础设施（IN）是指为社会生产和居民生活提供公共服务的物质工程设施，是用于保证国家或地区社会经济活动正常进行的数字经济公共服务系统，用大数据、人工智能网络覆盖率来衡量；企业战略（ES）是指企业根据环境变化，依据本身资源和实力选择适合的经营领域和产品，形成自己的核心竞争力，并通过差异化在竞争中取胜，用数字经济在中小企业战略中的含量来表示；制度环境（IE）是指一系列与政治、经济和文化有关的法律、法规和习俗，人们在长期交往中自发形成并被人们无意识接受的行为规范，用政府支持中小企业数字经济战略的政策等支持来衡量。

（三）数据来源与处理

数据类型为山东省16个地市数字经济发展现状的截面数据。大数据、人工智能等数字经济来自《山东省大数据产业发展白皮书》（2015~2020年）。技术创新（TI）、人力资源（HR）、资金支持（FS）、基础设施（IN）、企业战略（ES）、制度环境（IE）等指标源于《山东省中小企业年鉴》。为保持口径一致与量化一致，课题组通过取自然对数进行处理，各指标描述性统计详见表6-14。

表6-14　　　　　　　　　　　　变量描述性统计

变量	均值	中位数	最大值	最小值	标准差	观测值
RE	16.384	16.582	19.665	11.798	1.328	390
DE	-0.828	-1.432	3.542	-2.671	0.972	390
TI	15.665	15.879	20.154	14.211	1.078	390
HR	10.401	14.932	15.112	6.642	1.344	390
FS	14.798	14.296	18.125	12.339	0.807	390
IN	9.426	10.062	14.149	0.000	3.953	390
ES	0.820	0.901	1.000	0.000	0.228	390
IE	0.325	0.000	1.000	0.000	0.472	390

二、实证结果与分析

（一）大数据、人工智能等数字经济对中小企业深度融合总体效应评估

运用加权最小二乘法（WLS）估计模型（6-1）。为避免多重共线性，逐步回归观测检验结果稳健性。表6-15回归结果显示，WLS条件下的R^2、F值高于OLS条件下的R^2、F值，解释力更加有力。从核心变量来看，大数据、人工智能等数字经济对中小企业深度融合产生一定"挤出效应"，主要原因在于：一是从"互联网＋"战略实施领域方面，中小企业与大数据、人工智能等数字经济深度融合加速，特别是在金融、教育等现代服务行业；二是数字经济作为21世纪突出的特征，与中小企业深度融合的演进过程相得益彰。专家学者通过实证得出数字经济与中小实体经济影响负相关，并逐渐向正相关转化，说明在数字经济诞生之日起，中小企业与数字经济融合度不够，随着社会经济快速发展，大数据、云计算、人工智能等数字经济与中小企业逐渐融合，融合度越来越高，两者相关性也呈现出一定的正相关趋势。因此，新时代，应加强人工智能等数字经济深度融合中小企业，特别是中小实体经济企业，加速5G等信息网络建设，避免因数字经济导致的高质量产品的"挤出效应"，以及中小实体经济需求的"扩张效应"。

从控制变量来看，技术创新（TI）对大数据、人工智能等数字经济深度融入中小企业影响显著为正，技术创新能够为中小企业与大数据、人工智能的深度融合起到促进作用。人力资源（HR）对大数据、人工智能等数字经济深度融入中小企业影响显著为正，人力资源能够变革中小企业跨越式发展，加快大数据、人工智能与中小企业深度融合，创造出新产业，形成新的增长点。资金支持（FS）对大数据、人工智能等数字经济深度融入中小企业影响显著为正，资金是大数据、人工智能与中小企业深度融合的"血液"，贯穿

表6-15

WLS 和 OLS 估计结构

变量	模型 (1)		模型 (2)		模型 (3)		模型 (4)		模型 (5)		模型 (6)	
	OLS	WLS	OLS	WLS	OLS	WLS	OLS	WLS	OLS	WLS	OLS	WLS
常数项	1.869*** (2.156)	1.804*** (61.153)	4.557*** (5.349)	4.126*** (245.231)	3.225** (2.776)	4.334*** (152.311)	5.807*** (4.253)	5.293*** (249.192)	5.531*** (4.322)	5.422*** (140.448)	5.346*** (4.691)	5.266*** (479.999)
DE	-0.043* (-1.432)	-0.034*** (-25.798)	-0.059*** (-2.745)	-0.060*** (-235.169)	-0.067*** (-2.972)	-0.058*** (-263.541)	-0.034** (-2.042)	-0.039*** (-33.481)	-0.041* (-1.956)	-0.049*** (-27.001)	-0.044*** (-2.055)	-0.049*** (-90.354)
TI	0.914*** (16.778)	0.917*** (514.224)	0.470*** (6.613)	0.426*** (487.683)	0.432*** (5.021)	0.474*** (222.654)	0.373*** (4.102)	0.312*** (314.341)	0.355*** (4.445)	0.359*** (365.672)	0.381*** (3.387)	0.321*** (199.452)
HR	—	—	0.483*** (8.932)	0.555*** (818.432)	0.421*** (7.146)	0.492*** (243.472)	0.352*** (6.102)	0.322*** (587.908)	0.223*** (5.988)	0.312*** (253.439)	0.331*** (5.289)	0.324*** (603.771)
FS	—	—	—	—	0.129 (1.000)	0.039*** (8.299)	0.075 (0.579)	0.084*** (40.205)	0.066 (0.643)	0.083*** (56.689)	0.116*** (0.929)	0.123*** (128.667)
IN	—	—	—	—	—	—	0.100*** (6.318)	0.103*** (755.887)	0.091*** (5.666)	0.091*** (166.083)	0.091*** (5.447)	0.091*** (266.352)
ES	—	—	—	—	—	—	—	—	0.436*** (3.015)	0.390*** (75.655)	0.448*** (3.114)	0.485*** (888.784)
IE	—	—	—	—	—	—	—	—	—	—	0.115*** (1.506)	0.124*** (158.776)
R^2	0.581	0.999	0.626	0.999	0.636	0.999	0.707	0.999	0.741	0.999	0.771	0.999
F	196.664	179994.009	187.687	402479.000	139.998	376112.009	136.375	1725586.000	116.348	1750073.000	101.112	60122211.00

注：***、**、*分别表示在1%、5%和10%的显著性水平显著。

于深度融合始终。基础设施（IN）包括交通、邮电、供水供电、商业服务、科研与技术服务、园林绿化、环境保护、文化教育、卫生事业等市政公用工程设施和公共生活服务设施等数字经济的支持。大数据、人工智能等大数据基础设施与中小企业深度融合大数据、人工智能等具有显著正相关。企业战略（ES）是将大数据、人工智能等因素纳入中小企业未来发展战略之中，与两者深度融合具有正相关。制度环境（IE）指一系列用来建立生产、交换与分配基础的政治、社会和法律基础规则。制度环境是一系列用来建立生产、交换与分配基础的政治、社会和法律基础规则。大数据、人工智能等数字经济政策支持的宏观环境能够促进中小企业与大数据、人工智能的深度融合，因此，二者具有正相关关系。

（二）大数据、人工智能等数字经济与中小企业深度融合条件效应

运用分位数回归法估计模型。选取25%、50%和75%分位数，分别对应中小企业深度融合度较低组、融合度中等组和融合度较高组。选用核密度估计法进行估计，Hall-Sheather法为宽带确定、Epanechnikov确定核函数，结果详见表6-16。在中小企业深度融合度较低组、融合度中等组、融合度较高组，大数据、人工智能等数字经济对中小企业影响均显著为负，"挤出效应"明显存在。从影响程度上看，大数据、人工智能等数字经济对中小企业影响随着融合度"挤出效应"呈现边际递减规律。即，大数据、人工智能等数字经济与中小企业深度融合程度较低时，受到冲击越严重，处于融合度较高水平时，受到冲击相对较小。只有大数据、人工智能等数字经济与中小企业深度有效融合，"挤出效应"才能减缓。

表6-16 分位数回归结果

变量	模型（7）	模型（8）	模型（9）
	融合度较低组	融合度中等组	融合度较高组
常数项	3.143 ** (2.287)	5.524 *** (3.729)	6.446 *** (5.667)

变量	模型（7） 融合度较低组	模型（8） 融合度中等组	模型（9） 融合度较高组
DE	−0.056 *** （−3.569）	−0.046 *** （−2.538）	−0.051 *** （−3.292）
TI	0.065 （0.559）	0.119 * （1.556）	0.316 *** （2.789）
HR	0.283 *** （6.011）	0.283 *** （5.325）	0.280 *** （6.762）
FS	0.427 *** （3.044）	0.273 * （1.421）	0.055 （0.419）
IN	0.154 *** （4.897）	0.087 *** （2.339）	0.050 *** （2.166）
ES	0.464 *** （2.214）	0.494 *** （2.588）	0.468 *** （3.709）
IE	0.241 * （1.748）	0.246 *** （2.534）	0.273 ** （2.159）
R^2	0.489	0.490	0.530
Quasi-LR statistic	344.882	367.661	393.542

注：*** 、** 、* 分别表示在 1%、5% 和 10% 的显著性水平显著。

从控制变量看，技术创新（TI）、人力资源（HR）、资金支持（FS）、基础设施（IN）、企业战略（ES）、制度环境（IE）等均对深度融合影响显著为正，与总体分析结果一致。但各个控制变量在不同分组中存在强度不同的特征。

（三）大数据、人工智能等数字经济与中小企业深度融合的阶段性影响特征

首先，检验门槛效应的存在性估计结果如表 6 − 17 所示。通过一定次数的 Bootstrap 模拟，计算出似然统计量为 35.014，门槛值为 0.35，在 1% 显著

水平下，拒绝"不存在门槛效应"原假设。针对模型进行门槛回归，通过 Hansen 的强制同方差假设与 White 检验修正截面数据带来的异方差问题。结果详见表 6-17。模型（10）是 Hansen 的强制同方差假设的回归结果，模型（11）是 White 检验修正的回归结果。通过比较可以看出，White 检验估计效果比较好。由 Heteroskedasticity Test 检验，修正后的模型不存在异方差问题。回归结果显示，大数据、人工智能等数字经济与中小企业深度融合的影响存在倒 U 型特征。当大数据、人工智能等数字经济与中小企业融合度较低时，大数据、人工智能等数字经济对中小企业影响显著为正，且系数较大。当大数据、人工智能等数字经济与中小企业融合度较高时，大数据、人工智能等数字经济对中小企业影响显著为负，这就表明，在大数据、人工智能等数字经济快速发展的时代，中小企业必须深度融合，否则将会被市场与时代抛弃，原因在于大企业集团以及政府强力推动大数据经济。如何深度融入大数据市场环境与政府宏观环境，成为新时代中小企业深度融入大数据、人工智能等数字经济需要考虑的现实问题与发展方向。

表 6-17 门槛效应估计结果

变量	模型（10）		模型（11）	
	小于 0.36	大于 0.36	小于 0.36	大于 0.36
常数项	9.273 ** [1.364, 16.491]	5.296 ** [0.341, 10.687]	9.235 ** [2.225, 13.332]	5.286 ** [0.797, 11.280]
DE	4.675 [-0.215, 10.460]	-0.399 ** [-0.078, 0.010]	4.657 ** [0.674, 7.436]	-0.037 ** [-0.087, -0.010]
TI	0.658 ** [0.209, 1.190]	0.008 ** [-0.369, 0.276]	0.658 ** [0.269, 1.172]	0.008 [-0.394, 0.231]
HR	0.272 ** [0.078, 0.423]	0.263 ** [0.022, 0.439]	0.224 ** [0.082, 0.376]	0.241 ** [0.029, 0.468]
FS	-0.582 ** [-1.106, -0.131]	0.484 ** [0.045, 0.938]	-0.582 ** [-0.889, -0.130]	0.484 ** [0.029, 0.908]

变量	模型（10）		模型（11）	
	小于 0.36	大于 0.36	小于 0.36	大于 0.36
IN	0.060 ** [0.022, 0.107]	0.111 ** [0.054, 0.343]	0.060 ** [0.022, 0.106]	0.111 ** [0.017, 0.247]
ES	0.340 [−0.357, 0.895]	0.420 ** [0.093, 0.712]	0.340 [−0.097, 0.865]	0.420 ** [0.047, 0.757]
IE	−0.627 [−1.213, 0.009]	0.318 ** [0.041, 0.621]	−0.531 ** [−1.112, −0.081]	0.307 ** [0.055, 0.652]
Joint R^2	0.777		0.727	
Heteroskedasticity Test（p）值	0.132		0.132	

注：*** 、** 、* 分别表示在 1%、5% 和 10% 的显著性水平下显著。

（四）主要研究结论与政策建议

1. 主要研究结论

本书课题组基于山东省 16 个地市截面数据，实证了大数据、人工智能等数字经济与中小企业深度融合的影响效应及其特征。研究发现，在总体上，大数据、人工智能等数字经济的快速发展加速了中小企业与其深度融合，同时，也对传统的中小实体企业产生一定的"挤出效应"。辅助分位数回归结果显示，不同大数据、人工智能等数字经济融合水平不同，对中小企业深度融合的"挤出效应"存在一定的异质性。门槛检验表明，大数据、人工智能等数字经济对中小企业深度融合的效应存在倒 U 型特征。

2. 政策建议

一是实施"数字经济"战略，变革中小企业，特别是中小实体企业的增长模式。大数据、人工智能等数字经济在没有跨越临界值前，能极大促进中小企业发展。因此，中小企业，特别是中小实体企业尽快实施"数字经济"战略，促进中小企业与大数据、人工智能等数字经济深度融合，实施从生产制度、生产观念、数字战略、营销数字服务、数字融资等全过程的"数字流程再造"，充分发挥大数据、人工智能等大数据的变革效应，赋予中小企业，特别是中小实体企业新动能、新增长点。二是强化中小企业内生数字发展能力，抓住数字经济时代的有利条件，变被动为主动。在数字经济宏观大环境下，加快中小企业与大数据、人工智能等大数据深度融合，协调发展，主动适应大潮流、大趋势、大发展的数字经济宏观环境，逐步增强中小企业对数字经济的适应能力、融合能力、共生能力。三是深化数字经济供给侧结构性改革，助力中小企业发展。发挥数字经济财政金融政策对中小企业发展的引领作用与保障作用，加强山东省十六地市数字经济区域合作机制，构建山东省十六地市中小企业数字经济平台，全方位助力中小企业数字经济战略，增强中小企业数字能力。通过中小企业数字经济供给侧结构性改革，助力大数据、人工智能等数字经济与中小企业深度融合，促进国家"数字经济"战略的实现。

第四节　数字经济助力中小企业深度融合实现路径：基于"五链"融合模型

一、构建"五链"融合模型内在机理与互动机制

本研究提出以数据链、技术链、安全链、人才链、资金链的"五链"融合模型（见图6-1），推进大数据、人工智能与我国中小企业深度融合。以数据链为基础，以技术链为主导，以安全链为保障，以大数据、人工智能与

中小企业技术创新深度融合为核心的技术链推动中小企业资金链、人才链优化。

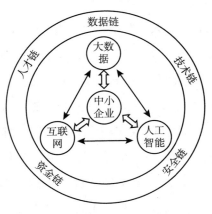

图 6 – 1 "五链"融合模型

第一，建立第三方数据交易市场，打通数据链流通，鼓励中小企业进行大数据共享。强化中小企业数字经济深度融合上下游之间、行业与行业之间、行业内部有数据交易需求时，共享数据，加速大数据、人工智能等数字经济在中小企业市场流通，强化大数据资源地位。

第二，建立中小企业大数据共享政策法规和相关管理制度。塑造全社会数字经济安全链，制定大数据共享的相关政策法规，规划好大数据人才链上的生产者、所有者、消费者的权、义、利。

第三，建立中小企业大数据安全保障体系。加强安全链融合，共享数据链上的安全性，建立数据安全保障体系，保护可流动的数据能充分地创造价值，保障隐私数据的安全。

二、"五链"融合驱动我国中小企业转型升级实现路径

构建系统动力学模型，强化"五链"融合协同效应对中小企业转型升级

的驱动作用。

第一，构建"数据链"，加强中小企业与大数据、人工智能等深度融合数据库与运行平台，建立健全山东省数字经济产业链，疏通中小企业与大数据、人工智能等数字经济深度融合渠道与环境。建立企业间联盟，强强合作，强弱互补，推动不同维度的企业参与新技术的研发和应用，加速推动行业层面新产品、新服务的迭代，提供规范化的良性竞合机制。

第二，加强大中小企业数字经济的"技术"合作，打造"卫星式"数字经济"技术链"，实现共享机制。加大政府对中小企业与大数据、人工智能等数字经济深度融合的财政、金融、税收等优惠政策，建立多层次多维度的合作体系。

第三，强化中小企业与大数据、人工智能等数字经济深度融合的"资金链"，拓宽中小企业与大数据、人工智能等数字经济深度融合的资金来源，基于核心利益相关者理论，按照"谁投入谁受益"原则，实现中小企业与大数据、人工智能等数字经济深度融合的资金源。

第四，强化"人才链"，多层次培养人才，实现数字人才有效流动和优化配置。依托山东省"985"高校、"211"高校和"双一流"建设高校，为培养数字经济高端人才创造良好条件。实现人才"共认共用共育"，加强尖端人才的有效流动和优化配置。鼓励科研机构、高校、金融行业以智力、专利、设备、资金等资源入股的形式参与实体经济的改革，创新资源共享机制。

第五，按照国家网络安全战略，维护好中小企业与大数据、人工智能等数字经济深度融合相关"安全链"。打造数字经济融合生态圈，营造一个"产、政、研、金"协调发展的多维生态圈，实现数字经济的安全保障，形成协同创新的共生环境。

第七章

数字经济助力中小企业
深度融合机制研究

　　针对 2020 年数字经济发展的现实，以及当前国内国际背景，山东省数字经济乃至全国数字经济发展呈现以下趋势：第一，数字经济赋能加速山东省经济复苏。技术创新与数字场景"双轮驱动"，国家及省级政府将继续对基础软件、高端芯片、核心元器件等关键核心技术数字领域加大资金投入，数字赋能与技术乘数等效应叠加，应用场景将以要素共融、资源共享、价值共创等为主题加深创新。第二，加速数据要素市场竞争优势。"双向发力"公共领域与重点行业，构建数据合作共享平台，针对公共领域、金融、医疗、电信等宽领域、大范围的大数据集成中心，探索市场可信数据交易转化空间，创新数据交易模式，确定数据交易市场确权登记、数据价值评估、数据质量治理、数据定价教育标准、数据合约履行等规则制定与推广。第三，完善"中小数字企业 + 大数据企业集团"的"一体多翼"共同发展模式，实现数字经济与实体经济深度融合，加强数字链的稳定性与可持续性。以数据为驱动、以平台为支撑构建大数据"一体多翼"共同发展模式，释放数字经济对实体经济赋能效应；整合大数据企业集团数字产业链优势，进一步打通数字链上下游企业数据通道，实现数字经济全方位对接。第四，"数字基建"将进一步加快速度，数字政府和智慧城市协同并进，形成梯次分明、分工明确、相互衔接、具有国际竞争力的数字产业集群。第五，数字经济将深入融入国内国际"双循环"构建。跨境电子商务和跨境数据流动、国际健康码互认、数字货币、数字税等将进一步加强。

基于以上数字经济发展趋势的分析，本研究提出以下对策：

一、数字元素驱动创新，优化数字经济发展环境

《中国城市创新竞争力发展报告（2018）》显示，2018 年济南作为山东省省会城市在中国城市创新竞争力排名中位居第 25 位，优化发展环境在数字经济发展中至关重要。第一，数字元素驱动创新，进一步刺激数字经济投资效用。聚焦涉及国家与区域安全与发展命脉的诸如高端芯片、操作系统、高端数控装备等数字产业，加强聚焦，扩大集聚效应，积极推进数字产业链协同发展与建设，合理有效配置数字经济供应链，尽量避免山东省区域数字经济产业链建设的重复与资源浪费问题。第二，优化数字经济产业布局，完善数字经济园区建设，助力数字经济发展提供载体。实施数字技术项目带动战略。第三，扩大数字经济试验区范围，推动数字经济试验主体向市区县级下沉，聚焦新基建、数字产业化、产业数字化、数据治理、数据要素市场培育、数字贸易等，立足山东数据经济产业基础，探索山东省数字经济发展有效路径。

第四，组建山东省区域数字经济一体化发展推进小组，实施"三通一集群二区域"数字经济区域发展战略。"三通"为数字基础设施通、数据要素市场通、智慧城市服务通；"一集群"为数字产业集群；"二区域"为济南、青岛。数字经济赋能，实现跨区域、跨领域、跨主体资源优化配置，加快数字要素深度融合。

二、加快企业数字转型，强化数字技术深度融入企业项目

第一，基于企业为数字经济主体，应加大扶持相关企业的数字化转型。以产品项目深度融入数字经济，加快数字化、网络化、智能化项目落地，促进数字经济商业模式转型。第二，深入企业数字技术研判、政策设计、落地落实等问题，诸如在大数据、人工智能等方面，精准掌握数字经济企业在地方智能政府公务购买、数字经济市场延伸、数字经济上下游协作配套、数字经济相关培训与咨询等诉求。第三，数字经济企业深度融入山东省数字经济重大决策、地方法规、地方标准等制定与修订，加强数字经济产业专项基金的精准评估与事后效益评价机制，提升数字经济企业决策水平与科学性。第四，数字经济企业积极参与数字经济景气指数等相关业态指数的发布与测定，积极融入数字经济相关的研究机构与研究地区，为山东省数字经济产业制定相关数字经济战略、市场延伸等提供助力。第五，加快构建开放价值网络，促进产、学、研、用各个创新主体信息共创共享。培育一批开源项目，完善多方共赢的开源推进机制，建立支撑开源社区发展的公共服务平台，激发人力资本的创新潜能。

三、加大互联网人才培养与技术研发，加快构建工业互联网产业生态

山东省数字经济产业链中，软件研发、网络安全、数据技术等互联网高

端人才相对稀缺，高校数字经济相关资源相对匮乏，云计算、大数据、人工智能等相关人才流失比较严重。为此，应加强顶层设计，制定相应数字经济产业优惠政策，加强云计算、大数据、人工智能等相关人才引进，加大科技项目资金投入与企业技术研发。第一，规范工业互联网建设及应用模式，加快企业组织管理变革。工业互联网建设方以"两化融合"管理体系为指导，规范建设与运营；工业物联网应用方以"两化融合"管理体系为指导，构建完善的应用路径机制。第二，畅通多元化融资渠道，提升金融服务平台发展的意愿和能力。推动平台企业、供应链核心企业与金融机构信用信息共享和评价结果互认，搭建产融合作信息平台，探索由龙头企业成立工业互联网基金。

四、构建政府－企业－行业多元协同监管体系

第一，进一步明确政府、数字经济企业、行业协会等相关主体职责与权利，异质化监管与精准对接不同类型数字经济平台。第二，加强人工智能、云计算、大数据、区块链等相关数字技术应用于数字经济平台治理与监管，创新数字经济监管模式，提升数字经济监管效率。第三，探索数字经济平台发展规律，加强数字经济平台相关责任义务、监管范围，优化数字经济新业态、新模式、新流程、新监管的治理结构，进一步激发与完善数字经济市场创新能力与创新机会。第四，加快山东省数字经济基础设施建设。"十四五"期间，明确规定了山东省数字基建战略投资重点、投资计划、投资金额以及先后顺序等。根据差异化战略，不同产业领域实施不同的数字基建发展战略。例如，5G 基站、轨道交通、能源互联网等"数字基建"产业，基于其非竞争性、非排他性等特性，应由政府主导实施；人工智能、工业互联网、新能源充电桩等数据中心机构，应由企业主导实施，政府负责相关的环境营造与政策引导。第五，打造数字经济多元主体共治新格局，科学界定数字平台主体相关责任。加强算法监管，落实个人信息保护工作；强化平台和政府职责

分工，严厉打击平台经营者的违法违规问题；加强数字平台劳动者权益保护，建立相应的劳动标准体系。第六，探索利于数字经济创新发展的政企协作机制。加强政企双向流通，实施政府部门间数据共享机制，完善社会信用体系信息，维护公平竞争的市场秩序。

五、强化以电子政府推进国家治理体系和治理能力现代化

第一，统筹规划大数据基础设施建设，建立完善数据开放平台和标准体系，推动政府数据开放共享利用，解决部门信息"孤岛"和信息"烟囱"问题。第二，构建协同计算的数据处理体系，加快高水平数据中心建设，推动云计算、边缘计算、高性能计算协同发展，促进数据中心空间集聚、规模发展、存算均衡、节能降耗，提升人工智能、区块链等应用场景支撑能力，全力打造"中国算谷"。第三，围绕数据"采集－存储－计算－管理－应用"全生命周期生态战略，构建融合、智能、开放的数据基础设施。加快山东省应用创新、大数据中心、云服务中心和全景山东（城市智能运营中心）等政府数字政务建设。第四，进一步深化认识，着力破解政务数据关键问题。加强电子政务统筹规划和顶层设计，增强基层电子政务工作人员的责任感、使命感和紧迫感。建立健全数字产权制度，明确数据权属，加强数字分级分类管理，进行价值衡量。第五，推进数字线下线上深度融合，加强新一代信息技术应用。推进实体政务大厅向网络延伸，进一步强化网上办事大厅的科学性、可用性、便利性与适用性。加强电子政务风险预判，鼓励社会力量积极参与共建"城市大脑"，积极开发多元应用场景。

六、加强数字经济国内国际合作，加大合作支持力度

数字经济具有范围广、数量大、产业链长等特性，需加强数字经济国内

国际合作，加大合作支持力度。第一，建立数字经济国际合作统筹协调机制。建立健全数字经济发展部际联席会议制度，实施数字经济部署统一行动，进一步发挥数字经济部际联席会议的"合力效应"。第二，以"一带一路"倡议为契机，扩大数字经济国际合作。以"一带一路"倡议、《区域全面经济伙伴关系协定》（RCEP）、中日韩自贸协定、"数字丝绸之路"和"中国－东盟数字经济合作年"等为契机，进一步挖掘数字经济合作潜力。第三，积极参与数字经济国际规则制定，推动数字经济国际合作。将数字贸易协议内容纳入自由贸易协定中，如《全面与进步跨太平洋伙伴关系协定》（CPTPP）中有一章专门阐述电子商务和数字贸易，《区域全面经济伙伴关系协定》和《美墨加协定》（USMCA）等均包含数字贸易相关政策；建立与国际接轨的数字经济法律规制体系。

七、制定标准、科学、包容的数字经济测度体系

第一，建立跨部门跨学科的数据收集工作机制。国家统计部门、监管机构、互联网服务提供商等相关部门制定数字经济国际统计标准，构建跨部门、跨学科的数据研究、调查、评估体系和统计调查框架，保障一手数字、核心数据的长期采集驱动，加强数字经济数据的科学性与真实性。第二，加强数字经济测度理论研究。对标国际数字经济测度指标体系，立足我国特点，制定具有权威的政策影响力和学术价值的数字经济理论框架和测度体系。第三，进一步创新数据来源。保障数据质量可靠，加强数字来源持续可控；同时，兼顾能够反映市场活力的行业数据，以及通过互联网大数据，强调数字经济测度指标的国际可比性，进一步将大数据、人工智能等信息技术应用于数字经济的数据统计中。

第八章

数字金融助力民营经济高质量发展研究

第一节　数字金融监管创新法制研究

一、研究背景与研究价值

（一）研究背景

1. 中国数字金融增长速度快、发展潜力大特征明显

中国数字金融组织相关统计资料显示，2012～2017 年，中国互联网投资人数由 2012 年 17. 19 万

人增长到 2017 年 510.89 万人；借款人数由 3.77 万人，增长到 311.87 万人；人均投资额由 6.85 万元增长到 6.77 万元；人均借款额由于监管风险等原因由 31.21 万元下降到 15.71 万元（详见表 8-1）。第三方互联网支付、P2P 网贷、电子商务、在线融资由 2010 年的 1.01 万亿元、0.44 万亿元、4.8 万亿元、13.9 万亿元分别增长到 2017 年的 5.37 万亿元、1.23 万亿、9.9 万亿元、17.3 万亿元，增幅分别为 531.7%、279.5%、206.3%、124.5%。① 中国数字金融呈现出增长速度快、发展潜力大等特征。

表 8-1 　　　　　　　　2012~2017 年中国互联金融发展状况

发展现状	具体指标	2012 年	2013 年	2014 年	2015 年	2016 年	2017 年
数字金融受众群众规模	投资人数（万人）	17.19	31.8	90.82	298.02	411.88	501.89
	借款人数（万人）	3.77	8.34	18.5	78.49	203.97	311.87
	人均投资额（万元）	6.85	5.39	4.08	4.49	5.93	6.77
	人均借款额（万元）	31.21	20.57	20.04	17.04	11.98	15.71
数字金融平台发展规模	平台成交额（亿元）	229	893	3292	11805	28049	31153
	正常运营平台数量	200	800	1575	2595	2448	2987
	出现问题平台数量	6	76	275	1031	1741	1549
	问题平台占比（%）	2.91	8.68	14.86	28.43	41.56	43.11

资料来源：中国互联网络信息中心（CNNIC）发布的《中国互联网络发展状况统计报告》（2012—2018 年，历年）。

2. 党中央和国务院高度重视中国数字金融组织法制监管机制的构建与完善

国务院总理李克强于 2017 年 3 月 5 日在第十二届全国人大五次会议上提出抓好金融体制改革，高度警惕数字金融等累积风险。② 应建立民间投融资

---

① 徐佩玉. 国家统计局发布改革开放 40 年通信业发展报告：电话用户 16.11 亿，世界第一 [N]. 人民日报（海外版），2018-10-09（11）.

② 政府工作报告——2017 年 3 月 5 日在第十二届全国人民代表大会第五次会议上 [EB/OL]. http：//www. gov. cn/guowuyuan/2017-03/16/content_5177940. htm？gs_ws = tsina_636309244452432401，2017-03-16.

保险制度，建立多层次、适度监管、合理放权、降低民间金融进入门槛的互联网民间金融监管机制，加强与互联网、云计算、大数据等现代技术深度融合；建立健全互联网技术平台的审批机制、运行机制、资金使用监管机制、信用保证机制；加强民间金融众筹模式、绿色金融、普惠金融的合理引导与激励；在法制上严格处罚扰乱金融正常秩序的非正规金融活动。

综上所述，由于对中国数字金融组织法律监管尚处于试点初期，相关规定与指导意见制定的仓促性和实际需求的多变性，使得数字金融法制监管协调机制存在改进、完善与创建的必要性。为此，通过本研究，探索数字金融监管创新法制的理论基础、改革方案、实施路径与保障措施等问题，具有十分重要的理论意义与现实意义。

（二）研究理论价值

研究数字金融监管创新法制问题的理论意义主要体现为三点：

1. 阐明与创建了中国数字金融迅猛发展中急需解决法制监管创新问题的理论问题

以往国内学者研究内容大都集中在完善正规金融法制监管机制上，对近几年迅猛发展的数字金融所急需解决的法制监管创新问题，指导与促进其持续健康发展问题研究较少。本研究是对中国数字金融快速发展中亟须解决的监管创新法制理论的重要补充。在进一步释放民间资本的大背景下，加强互联网民间金融法制监管，促进法制理念转变，为中国数字金融监管提供立法依据。

2. 可为中国建立规范和促进数字金融发展的理论分析框架和范式提供理论与实践的借鉴

本研究综合运用经济学和金融学理论，从根本上揭示民间融资中数字金融风险的形成机理、影响因素与传导机制。在此基础上，综合运用法学、政治学、社会学等多学科原理，形成全方位、多视角的理论分析框架和范式，更加全面准确地把握和解决关于民间数字金融发展的法律问题。

3. 有利于构建规范和促进数字金融监管创新的法律理论体系

本研究着力搭建一个能够有效解释数字金融风险及防范对策的以法学为主的多学科结合的理论体系，为民间互联网融资的发展提供系统的理论解释和指导。

（三）本研究实践价值

研究数字金融监管创新法制问题的现实意义主要体现为以下三点：

1. 进一步确认数字金融对当前经济社会发展的积极作用

本研究在实地考察与调研基础上，精准掌握当前数字金融风险的制约因素，抓住当前数字金融发展的"牛鼻子"。从法制角度对数字金融出现的问题展开深度研究，根据当前金融面临的环境，从法律视角进行数字金融法制监管，加快推进数字金融深化的进程，将其纳入正规金融体系，有利于解决当前民营经济发展所亟须的融资难、融资贵的难题。

2. 有助于建立健全数字金融法制监管制度，促进数字金融市场良性运行

由于数字金融出现的时间比较短，在实践中出现了传统监管制度无法解决的问题，导致"监管法律真空"。为此，本研究以社会管理创新为导向，拟提出创新和完善相关法律制度的思路和建议。

3. 有利于提升中央与地方政府对数字金融监管协调能力，促进经济发展方式转变和金融市场的繁荣

由于中国数字金融组织大都具有规模小、资金少、服务地域狭窄等特征，

若仅依靠中央政府部门监管协调机制是难以见效的，须通过构建中央与地方多层次数字金融监管协调机制有效促进数字金融协调监管。通过建立引导机制、重点行为监管制度、刑法治理机制和危机应对机制，在有效防范民间互联网借贷风险的累积和遏制非法集资风险的同时，建立规范、安全和透明的民间数字金融信用体系，形成正规信用体系与民间信用体系良性互动的完整信用体系，引导和保障民间资本进入需要发展的行业及领域，促进经济发展方式转变和金融市场的繁荣，具有十分重要的理论意义与现实意义。

二、国内外研究现状

（一）数字金融概念及内涵

数字金融是将"互联网＋"、云计算等现代化高科技技术运用到传统金融中，进行"互联网＋金融"深度融合所产生的新金融运行方式。最早可以追溯到计算机以及相关通信技术在传统金融领域的应用。数字金融不仅是互联网技术应用于金融业，更是建立在高新技术支撑基础上的"互联网运营思想＋金融"新模式，以货币、银行、支付、交易等形式，借助互联网以及其他电子传播媒介向社会金融需求者提供的快捷、便利的服务，通常称之为数字金融。国内关于数字金融尚未有一个统一的概念。金融抑制现象对大量中小微企业形成了金融排斥效果（李华民、吴非和陈哲诗，2014），飞跃发展的互联网信息技术弥补了信贷产业空白，赋予了数字金融更为广阔的发展空间，从物质技术条件上保证了金融新均衡的实现。深度融合"互联网＋"，极大降低中小微企业信息成本，有时边际成本为零（徐高，2014）。数字金融业务模式呈现了区别于传统金融模式的"小微单笔金额、海量交易笔数、超低边际成本"等特征（丁杰，2015）。2014年3月5日，在第十二届全国人民代表大会第二次会议上，李克强总理作政府工作报告，数字金融首次出现在其政府工作报告中。① 在国内，谢平等（2012）较早从本质上对数字金融进行研究，认为数字金融是区别于商业银行间接融资与资本市场直接融资不同的新市场，是在互联网这个平台上进行直接融资。曾刚（2012）将之称为数字金融运营模式。吴晓求（2015）基于数字金融成长逻辑视角，认为数字金融是第三金融业态，即一种新的金融业态。曹凤岐（2015）、王曙光等（2014）、龚明华等（2014）认为数字金融是现代信息、网络等技术与传统金融业务进行有机结合所形成的时代产物，是一种新型金融形式，是在互联网虚拟空间市场中所进行的资金融通、线上支付、信息获取等金融活动。张晓朴（2014）认为数字金融丰富了金融发展理论时间路径，在服务技术与经营模式转变上实现"双创新"。谢平等（2014）对数字金融从较为宽泛的概念进行了界定，并从"支付方式、信息处理、资源配置"等角度阐释数字金融主要模式。数字金融是带有前瞻性的系统性概念，将互联网技术与思想深度融入传统金融的组织方式、运行交易模式，具有高度的时代性特征。

目前关于数字金融概念及内涵主要分为两种：第一种，将数字金融界定为互联网技术新平台的革新，不是传统金融本质的变革，只是金融传统业务由"看得见、摸得着"实体市场向"看不见、摸不着"的虚拟市场转移的金融服务模式（杨涛，2013；周宇，2013；罗明雄，2013；邱冬阳，2014；戴险峰，2014；石建勋，2015）；第二种，将数字金融界定为与传统金融模式有明显区别的新型金融模式，是将互联网时代思想革新传统金融业务，实现"无纸化"金融，有可能变革传统纸币的流通（谢平，2014；王国刚等，2015）。

在分类上，基于业务属性，分为互联网支付、众筹、互联网基金销售、网络小额贷款（中国金融稳定报告，2015）。基于机构与业务范围双重属性，分为传统金融机构互联网化、网络信用业务、互联网支付清算、网络

---

① 政府工作报告——2014 年 3 月 5 日在第十二届全国人民代表大会第二次会议上 ［EB/OL］. https：//news. 12371. cn/2014/03/14/ARTI1394795253643189. shtml.

货币（郑联盛，2014）。

（二）数字金融法制风险成因、类别与传导机制研究

数字金融风险有两种类型，即流动性风险（Kim，2005）及信用风险（Agenor，2011）。弗斯坦（Verstein，2001）提出银行在线服务中存在着操作层面、安全、法律及声誉等多方面风险。李博、董亮（2013）指出数字金融在发展过程中存在以下安全问题，例如，数字金融行业自律、数字金融相关的外部监管、数字金融技术支持等。杨群华（2013）认为数字金融面临法律、信用及市场等风险。魏鹏（2015）认为数字金融面临的主要风险有货币政策风险、市场流动性风险、法律合规性风险等。彭赛（2015）、何文虎等（2014）认为数字金融风险主要有制度性风险与非制度性风险。制度性风险主要包括不健全的法律法规、缺失的监管机构、脆弱的风险内控体系等；非制度性风险主要包括技术信息不安全、互联网技术操作以及相关运行带来的风险，城市与乡村相关互联网技术、信息资源不均衡，数字金融监管理念与认识的不同、信用机制缺失等。薛紫臣（2016）、周豪（2016）从数字金融流动性风险视角将金融大环境分为政府金融政策和货币投放量、政府监管政策和法律法规（彭景等，2016）、融资企业运营状况等三方面。闫真宇（2013）认为业务管理、法律政策、货币政策、网络技术、洗钱犯罪等领域引起数字金融风险。郑联盛（2014）认为数字金融横跨互联网技术与金融两个领域，故其风险包含了在技术领域方面存在的风险等方面产生的信息失衡、流动性、信用、法律、政策等重大金融性风险。姚国章等（2015）将法律监管风险主要分为法律法规不完善、监管不到位、主体资格合法性、洗钱套现等方面风险。刘辰（2016）、鄂奕洲（2016）将数字金融风险中法律合规风险归为非系统风险。

数字金融法制风险传导方面，刘旭辉（2021）、袁义炜（2016）研究了数字金融风险传导中的条件、方式以及范围。传导条件主要包括传导临界值、

载体以及对象；传导方式主要包括接触与非接触引发的传导；传导范围主要包括传统金融系统与实体交易领域。陈新岗等（2017）认为数字金融传导途径主要有：源于数字金融组织之中的网络信用性风险与网络金融风险两类。

（三）数字金融风险评估、预警与防范

姚国章等（2015）从定性、定量、综合分析三种方法对数字金融进行风险评估。鲁柏杨（2016）、申晨等（2016）、徐璇（2017）采用模糊层次分析法评估了数字金融风险。基于数字金融指数与上证综合指数日收益率相关数据，欧阳资生等（2016）运用参数、半参数、非参数 VaR 方法，构建 Pareto 极值分布模型与历史模拟法模型度量数字金融风险值，并进一步基于返回检验对模型优劣进行判断。通过构建数字金融风险 CVaR 评估模型，李慧等（2016）研究得出数字金融风险具有爆发与传染性，且处于正向积累、不断上升状态的结论。

（四）数字金融创新法制监管

国外数字金融理论研究主要是基于其风险产生根源提出相关监管重点。基于数字金融双重属性，从金融以及互联网技术两个角度对数字金融风险进行监管；基于数字金融理财产品来源于传统金融业认识，查尔斯、菲利普和戴维（Charles，Philipp & David，1998）认为数字金融风险分析应更多地立足于金融风险分析；施雷纳（Schreiner，2000）认为从传统的金融服务、流程和运作等方法加强数字金融风险防范，同时，净化与规范数字金融的外部金融环境。基于美国 Pay Pal 网络支付形式的现行法律及运行机制，瓦利亚姆等（William et al.，1997）分析了 Pay Pal 网络支付形式在保护消费者利益存在的弊端与不足，提出了具有可行性的法律监管运行机制。基于信息不对称及实现外部性，为信息不对称的缓解与外部性调和的实现，罗布（Robb，

2006）主要针对第三方支付的零售支付体系风险提出相关监管政策。基于信息不对称的网络环境，波特（Porter，1990）针对"零经验"的贷款人收益权保护问题提出了监管政策。李和格林伍德（Li & Greenwood，2004）侧重研究金融效益提高。弗斯坦（Verstein，2011）研究了 P2P 平台监管问题，提出通过技术与金融方面创新，建议把 P2P 网络借贷引入消费者金融保护组织。在电子货币法律监管方面，相对于美国，欧盟更为健全，储值卡使用更为合理与规范，非法洗钱、可疑交易等不良活动与行为得到更为严格的监管与处罚。伊萨克森（Isaksson，2002）以 P2P 网络借贷监管问题为例，研究了联邦与州不同层面借贷平台的监管体制。互联网信息技术与金融业融合度与监管难度正相关，融合度越高，金融监管越困难。信息不对称所带来的风险随着金融市场配置资产进入门槛以及金融交易成本降低而日渐增加。电子金融兼有效率提高与风险的挑战，从交易支付体系、清算系统以及金融机构未来预期等方面提出监管对策。数字金融相对于传统金融，在交易成本、财务信息透明度和提高业务效率方面具有很大优势的同时，信息技术安全为数字金融的健康发展提供了实践基础。世界银行（The World Bank，1997）认为 P2P 网络借贷企业要配合并适应新的监管模式。针对 P2P 网络借贷型众筹和股权投资型众筹等不同众筹模式分别制定了不同监管政策，明确提出审慎监管指标要求，如最低资本水平等。美国国税局（IRS）于 2014 年将比特币认定为财产，规定将比特币作为类股票资产进行交易，并按利润进行课税。美国纽约州金融服务部门 2015 年 6 月发布的《针对虚拟货币公司的比特币牌照监管框架》被称为"比特币牌照"（Bit License）。

在国内，数字金融模式主要有第三方支付、传统金融机构的互联网经营、众筹融资、大数据金融、虚拟货币（刘英、罗明雄，2013）。刘士余（2013）从刑法学视角出发，认为在监管方面重点防范非法集资罪和非法吸收公共存款罪，这是数字金融两个极易触碰的法律红线。杨凯生（2013）认为，数字金融需要从外部相应监管与内部行业自律进行监管。基于数字金融本质，张晓朴

（2014）提出适当风险容忍度、规则性和原则性相结合、一致性等12条监管原则。谢平、邹传伟（2014）从数字金融个体行为、集体非理性、市场纪律漏洞、市场出清方式不健全、创新力度与方式缺陷、消费行为欺诈以及非理性等角度论证了数字金融监管的必要性。基于互联网技术在数字金融中的重大影响，刘丹（2014）认为，市场运行力弱、网络欺诈行为时常发生导致数字金融风险加大。基于法律角度，黄震、邓建鹏（2014）对数字金融监管、消费者权益保护、立法、行业法律风险防范和治理等主题进行了全面详细的阐述，从理论上论证了对数字金融行业法律规范制定的必要性。基于全面理性看待数字金融持续健康发展、维护金融安全稳定，黄震（2015）提出"软法先行、硬法托底、刚柔相济、混合为治"的混合法思路，为我国数字金融立法提供了独特的法律思路。基于金融特许制视角，毛玲玲（2014）认为，需要加强数字金融的监管，同时，指出数字金融监管中风险控制、监管路径以及相应法律监管成为风险防控的重中之重。基于立法监管与互联网行业本身视角，李东卫（2014）从信用体系与消费者权益等方面提出数字金融风险治理对策。

（五）简要述评

（1）如上所述，当前国内外学者对数字金融概念、特征与功能，数字金融发展原因，发展模式等具体内容研究较多，但对数字金融监管法制协同机制缺乏系统性、前瞻性的研究，更谈不上形成理论体系。为此，急需以中国民营经济与数字金融在未来国内外新格局下快速发展的新形势为依据，创建一套符合科学性、前瞻性、可操作性特征的中国数字金融监管创新法律协调机制的研究框架与理论体系。这将为本研究和未来的探索提出挑战。

（2）推进我国民营经济与数字金融健康持续发展涉及成千上万家民间数字金融机构，针对数字金融健康发展的监管协调机制创新与法制制度建设研究较少，而我国这些数字金融机构在快速发展中又普遍存在风险控制能力不足、意识不够、法律保障体系、监管机制等不健全等问题，构建什么样的以及如何构建一套适合当前中国中央与地方多层次数字金融监管创新法律协调机制问题，更是一项急需研究与解决的重要理论与应用问题。

（3）规范和促进数字金融发展与监管需要法律体系的支撑，鉴于国内从法学角度对数字金融展开的研究相对比较匮乏，也不够深入。因此，需要着力搭建一个能够有效解释数字金融风险防范与监管协调对策的以法学为主的多学科结合的法律保障体系，从法律层面对数字金融监管进行系统性的制度安排与制度设计并提出对策建议。

三、我国数字金融法制监管现状及存在问题

（一）中国数字金融法制监管现状

1. 民间资金遍布多个行业，民间借贷区域性特征显著

2018 年，中国民间资本超过 15 万亿元，且每年以 10% 的速度增长，民间资本已成为中国经济成长不可或缺的重要战略资源。民间资本已经广泛地进入煤矿、石油、房地产等行业。民间借贷具有显著的区域性特征，主要体现在规模和用途的区域性差异明显。北京、上海等一线城市正规金融体系健全，互联网民间金融相对不活跃；西部欠发达地区，由于工业不发达进而对资金需求比较少，民间借贷规模小；以民营经济为主的浙江、广东等东部沿海地区，由于民营企业占据绝大多数，在正规金融无法得到满足的情况下，大力向民间进行借贷。以温州为例，借贷资金 65% 源于自有资金，29% 源于亲戚资金；借贷单笔平均为 19.4 万元，规模小；企业均贷 40 万元，居民个人均贷 9.3 万元。①

---

① 吕臣，林汉川，王玉燕. 我国民间金融监管协调机制研究［J］. 上海经济研究，2014（10）：63 - 73，80.

2. 互联网民间金融纠纷时间长、数额大、风险事件频发

长期以来，民间借贷具有明显的"熟人业务"特征，手续简易，以信用借贷为主，这加剧了互联网民间金融风险。2014 年，福建龙岩房产商人卷走了 10 多亿元①；身负民间借贷 30 亿元的广西柳州某集团实际控制人、欠债金额超过 20 亿元的浙江杭州某百货公司董事长②、涉及债务资金约 10 亿元的江苏江阴某小贷公司负责人③等相继潜逃，频频出现老板"跑路"现象表明我国民间借贷纠纷长期存在，涉及数额之大。2014 年 1～6 月，福建省高级法院受理民间借贷纠纷案件高达 3.7 万件，同比大幅度增加。④ 以青岛为例，2018 年，金融借款与民间借贷纠纷案件 2011～2015 年连续大幅度增长，2016 年、2017 年趋于缓和，2018 年再创新高，分别为 6379 件和 12587 件，标的总额高达 281.91 亿元，占比分别为 71.02% 和 72.84%。⑤

3. 监管缺位、运营风险高等倒逼数字金融法制监管

数字金融组织起源于民间，其自身组织形式松散、政府相关部门缺失、监管措施不到位、相关法律法规不健全导致其在运行中出现了很多问题，给中国社会经济发展带来巨大负面影响，也为中国金融市场运行带来巨大风险。同时，借贷纠纷、金融诈骗、非法集资和高利贷等问题在现行的数字金融市场中表现得尤为突出，导致参与主体财产巨大损失，社会不稳定因素增加，

---

① 吴林增，李贵荣. 风光两年龙岩来雅突垮台 传跑路老板卷走 10 多亿 [N]. 海峡导报，2014 – 05 – 18（2）.

② 西部文明播报（陕西法制网）. 柳州首富廖荣纳：携百亿巨款潜逃，被遣返回国后，一家 3 口均入狱 [EB/OL]. https://baijiahao.baidu.com/s? id =1719358328827868380&wfr = spider&for = pc.

③ 王磊磊. 江阴小贷老板跑路背后的资本江湖 [J]. 法人，2014（5）：36 – 38.

④ 何丰伦，郑良，李劲峰. 民间借贷长期"地下运转"危及金融生态 [N]. 经济参考报，2014 – 09 – 22（A5）.

⑤ 李珍，王洪智. 1.2 万件! 民间借贷案创新高：青岛中院发布 2018 年《金融审判白皮书》和民间借贷纠纷十大典型案例 [N]. 半岛都市报，2019 – 01 – 11（A12）.

数字金融发展进程延缓。因此，在加速"一带一路"建设以及中国经济结构优化调整、提升中国高质量发展的大背景下，加强互联网民间金融监管促进其良性发展具有重要的现实意义与实践意义。

（二）中国数字金融监管现存问题

据调查，2019 年中国最大地下钱庄案金额高达 4100 余亿元，中国地下钱庄资金控制量近 2 万亿元。① 数以千亿计民间资本通过地下渠道非法逃往境外。而作为中国经济发展的重要组成部分，中国民间经济又面临巨大资金缺口。在需要激发民间资本释放其能量的同时，数字金融发展也面临很多问题，具体如下：

1. 中国数字金融监管相关立法相对滞后

现有法律法规仅仅在借贷利率、资金筹集与运用等几个方面针对民间金融规范做了初步的合法性界定，没有针对数字金融这个新兴事物以及其运行活动做具体界定，在现实中可操作性比较低，导致民间投资者无法确定何为合法、何为非法。部分民间融资，包括民间数字金融融资的非法行为由于界定不清晰而披上合法外衣。

2. 数字金融多元化监管安全性有待加强

随着经济社会发展和科技进步，金融业分工专业化、精细化更加明显，金融机构间及金融机构与科技公司间在账户、渠道、数据、基础设施等方面关联性日益增强。新金融产品游离于传统监管之外。掌握技术或者信息的部分人与部分机构，通过网络侵犯别人隐私、个人安全、企业安全、社会安全，

---

① 全国最大"地下钱庄"案告破 涉案金额 4100 亿元 [N]. 三峡晚报，2015 – 11 – 21（A13）.

乃至危及国家安全；数字经济发展还可能导致"赢者通吃"，垄断问题更容易发生。如何加强多元主体的监管及其安全性已成为当前数字金融发展的主要困境之一。在实践中，公众质疑其监管措施以及监管方法的有效性及相关性。民间金融活动监管缺失或不到位。以温州为例，其民间金融最为发达，2011 年中国首家地方金融管理局率先成立；2013 年 11 月，温州银行实现 30 亿元增资扩股；温州农信借助股改累计吸纳 75 亿元民资①；随后建立地方金融业统计信息和监测平台，成立金融仲裁院、犯罪侦查支队与法庭，构建化解区域金融风险防范有效机制。《关于加强地方金融监管工作的实施意见》于 2013 年由温州市人民政府出台，加强统一监管地方金融市场主体，如民间资本管理公司、小额贷款公司等，但实际操作中也出现了监管职责分工不明确、与部分现行规章制度冲突、监管意识与能力弱、有效监管差等现象。为此，《温州市民间融资管理条例》自 2014 年 3 月 1 日起施行，进一步规范了履行民间融资监管职责。

3. 数字金融行政监管手段单一，有效监管缺乏

长期以来，我国主要关注正规金融监管，对于民间金融，特别是以"互联网＋"为新手段形成的数字金融这一新兴事物的立法相对滞后和监管相对缺失，互联网民间金融多数处于自我发展或"地下"无序状态。一方面，民间借贷手续简单，登记制度比较宽松，很多民间机构仅仅经过当地工商部门登记，但未经金融办批准许可，潜在隐患巨大；另一方面，监管部门的监管手段极其缺乏，对于参与非法集资、放贷的组织、个人缺乏信息化的监测措施，过度依赖于刑事制裁手段。

---

① 温州银行增资扩股拟募资 70 亿，地方政府或以专项债资金认购［EB/OL］. https：//baijiahao. baidu. com/s？id＝1677503008391019672&wfr＝spider&for＝pc，2020－09－11.

四、建立健全数字金融法制监管的保障体系

本部分将从"宏观体制—中观机制—微观措施"等三个层面提出建立健全数字金融法律监管保障体系的政策建议。

（一）宏观层面完善数字金融法制监管体制

1. 加强数字金融法制监管顶层设计

成立国家数字金融法制发展监管委员会，建立健全数字金融监管法制体系。对数字金融进行顶层设计，统一筹划，建立健全适应"互联网＋"、云计算、大数据等现代金融运行手段与运行平台的现代金融体系，明确其运行规律、规范其运行行为，在内容、运行行为、筹集资金形式、用途等进行有效、可行的现代数字金融监管框架。除了传统金融风险外，严格把控由于数据库、云计算和"互联网＋"等带来的系统性金融风险。在宪法（公民权利定义、货币概念和规范等）、行政法（第三方支付、互联网借贷）、民商法（物的概念发生很大变化）、经济法（《反垄断法》中的垄断定义、税收和财政法律等面临新的挑战）、知识产权法、国家安全法和刑法等七个方面构建数字金融监管法制体系。

2. 成立数字金融法制监管机构设置

针对当前中国数字金融监管的现存问题，建议成立有关中国数字金融风险的专职机构，对其赋予明确的监管职能，并配备相应的监管人员，引进数字金融法制监管的"独立董事"，成立数字金融法制监管委员会，定期披露有关数字金融法制监管出现的最新动态以及出现的问题、解决办法等，建立相应的数字金融风险预警机制。

3. 建立健全数字金融法制监管的立法层级

三个层面推进数字金融立法，分层次分阶段完善监管法规。针对已稳定的数字金融关系，如第三方支付业务，可制定位阶相对较高、内容相对具体的部门与行政法规；针对类似众筹等已经存在但尚未成熟的数字金融关系，建议制定的部门规章与法规相对位阶较低、内容兼顾原则与灵活；针对相对未普遍存在但刚刚起步的数字金融关系，建议采用原有规章制度加以引导与监管。

（二）合理引导数字金融的法律机制

本着合理引导、立足于疏导原则，本书认为数字金融法律机制包括数字金融的市场准入制度、数字金融组织产权制度、数字金融创新产品法律制度以及差异化税收减免管理等。

1. 加强数字金融立法

建立健全数字金融法制建设才能保障数字金融持续健康良性发展。要提升数字金融生态环境和谐度，加强数字金融相关立法与监管机构严格执法。确立数字金融融资主体法律权利与义务关系，科学引导数字金融，依法科学、合理、明确、详细地界定数字金融融资行为、方式、相关期限、相关利率、用途等，赋予其法律地位。

2. 数字金融市场准入制度

设定数字金融市场准入条件：第一，明确数字金融监管相关的具体的违法与非法划定界限。第二，依据当前不同类型的互联网民间金融现状，按照分类治理原则，对不同借贷主体设定不同进入条件。第三，通过加强数字金融经营性监管，以防范因放宽准入可能增加的风险。

3. 确立数字金融组织产权制度

基于《宪法》中关于私有经济定位定性原则下，加强对数字金融债权人权力的维护和权利授予与保护的重视，以及涉及的产权保护制度等，进一步修改有关数字金融监管的《公司法》《商业银行法》等相关法律，制定主要包括数字金融互助组织、企业财团以及合会产权构造等在内的"合会管理办法"等相关数字金融组织产权制度。

4. 完善数字金融创新产品法律责任制度

相关的法律责任制度包括：在数字金融创新产品中，更新法律责任理念、明确法律责任主体、增加法律责任形式、创新法律责任模式、完善法律责任归责原则、设计法律责任制度等完整的数字金融创新产品法律责任制度。

5. 实行差异化税收减免管理

在数字金融税收制度设计中，数字金融主体行为、运营模式存在一定差异，根据因地制宜原则，加强数字金融主体行为实施差异化税收减免管理制度，在数字金融中进一步弱化传统金融所强调的主体身份差异。

（三）数字金融法制监管的举措

1. 加强数字金融的法律监管

第一，构建民间金融多样化利率监管。通过有效激励工具建立健全差别化利率规制机制。第二，建立民间金融区域竞争机制。放宽经营范围限制，根据区域经济差异性在不同区域展开有效竞争；产业制度与产业政策引导民间金融在不同行业竞争，产生租金信息支付效应。第三，规范民间金融借贷形式与借贷内容。合理监管民间金融借贷形式，借贷形式应符合国家规定的正规形式，对于不合法、不合规的恶性民间金融借贷形式坚决予以取缔，涉及刑法的坚决处罚。第四，监管放贷人融资渠道。对放贷人的融资来源、融资渠道进行合理监管，避免高利贷形式的非法集资，将银行资金与民间数字金融隔离，维护正规金融正常秩序。第五，扩大数字金融辐射的相关贷款担保物范围、担保方式及担保关联交易。第六，对暴力催款、变相洗钱、涉黑问题等予以刑法处理。第七，制定民间金融行业协会管理条例。

2. 加强数字金融的刑法治理

第一，《刑法》监管明确数字金融与具体界定。我国现行《刑法》未对包括数字金融在内的民间金融的借贷、非法集资、吸收公众存款等做具体、明确、可操作的界定。应当设置合理的刑法治理标准和边界，科学规定相关罪名、罪责，确定具体的罪与非罪界限，设置适当刑罚幅度等。第二，完善民间金融犯罪的罪名设置。明确刑法相关罪名、犯罪构成、犯罪认定标准、刑罚体系，增设欺诈集资罪、高利贷罪等。第三，建立健全分类管理的刑法监管模式，改革当前"非法集资"的"大一统"的监管模式。民间金融活动多种多样，所造成的社会影响也不相同，对民间金融活动管理，应根据其不同种类、不同行为方式、不同活动内容、不同特点进行不同规制模式的选择。

3. 强化数字金融法制监管行业自律机制

第一，保障数字金融核心利益相关者合法权益。数字金融核心利益相关者涉及出借人、网络平台、借款人等。基于信息公开前提，从数字金融市场准入、市场退出、数字金融核心利益相关者知情权、数字金融网络平台相关责任及其相关义务等方面加强风险监管，保障数字金融核心利益相关者合法权益。第二，强化行业自律组织在数字金融监管中的积极作用，利用国内外先进技术手段加强对数字金融创新法制引导和约束。第三，完善数字金融行政监管手段。组织制度合理有效是数字金融稳定运行的有效保障。在合理分工原则下，应提升数字金融监管机构及其职能的明确度，进一步加强数字金融登记备案制推行力度。"温金改"试点推行的数字金融登记备案制运行在现实中运行良好，应当向全国进行推广。完善数字金融平台的信息披露与预警措施。规范数字金融需要建立健全相关信息披露制度，实时实地发布数字金融利率指数，通过地方资金走向与利率走势积极引导民间资本流向。

第二节　民营经济高质量发展泰安实践研究

民营经济高质量发展问题一直是学术界和理论界研究的热点问题，备受社会关注。中共十九大进一步明确鼓励有条件的民营经济发挥自身优势实施高质量发展战略。民营经济逐渐成为高质量发展的主力军，泰安市民营经济高质量发展路径与对策成为当前泰安市政府和民营经济亟须研究解决的重要课题。泰安市大约95%的中小企业都是民营企业，民营企业发展是促进泰安市经济发展的重要途径。泰安市民营企业面临更多特殊的机遇和商机。"后峰会时代""国家军民融合创新示范区""中国－上海合作组织地方经贸合作示范区""山东新旧动能转换综合试验区"等战略提出与实施，为泰安市民营经济发展带来重大机遇。在带来机遇的同时，新冠肺炎疫情的暴发也为泰安市民营经济发展带来了巨大挑战。如果实现泰安市民营经济高质量发展已成为泰安市政府、企业等需要深思的问题。

一、民营经济高质量发展意义与理论动态

（一）民营经济高质量发展的意义

高质量发展是中共十九大首次提出的新表述，2018 年第十三届全国人大

一次会议审议政府工作报告提出深度推进供给侧结构性改革等 9 方面部署高质量发展。高质量发展已经成为当前乃至很长一段时期内中国优先发展战略。为此，本研究基于泰安市民营经济高质量发展模型构建内生动力，找出当前制约泰安市民营经济高质量发展的"牛鼻子"，实现泰安市民营经济高质量发展。精准掌握当前泰安市民营经济高质量发展的现存问题，为泰安市民营经济高质量发展提供现实基础；探寻当前泰安市民营经济高质量发展的关键制约因素，分析探究影响泰安市民营经济高质量发展的深层原因；深入研究泰安市民营经济高质量发展的内生动力，精准掌握泰安市民营经济高质量发展的关键制约因素，提出泰安市民营经济高质量发展政策支撑体系，为泰安市乃至全国民营经济高质量发展提供参考。

1. 现实意义

党中央和政府各级部门极其重视民营经济高质量发展问题。中共十八大以来，以习近平同志为核心的党中央高度重视民营经济发展；同时，也出台了一系列相关政策，营造民营企业发展良好环境。2018 年 11 月，习近平总书记主持召开民营企业座谈会，肯定了民营经济重要地位和作用，坚持"两个毫不动摇"，积极营造更加公平有序竞争的营商环境，激发民营企业活力能力，支持和推动民营企业和民营经济高质量发展。①

2. 理论意义

补充丰富民营经济高质量发展路径研究成果。民营经济是促进经济发展的重要支柱，是改善民生的重要抓手，是走向世界的重要力量。民营经济高质量发展关系到新时代乡村振兴战略目标的实现。研究泰安市民营经济高质量发展路径与政策以提供新思路，是对高质量发展战略及社会责任问题研究

---

① 习近平：在民营企业座谈会上的讲话［EB/OL］. http：//www. gov. cn/xinwen/2018 – 11 – 01/content_5336616. htm，2018 – 11 – 01.

的拓展和深化。

3. 政策意义

第一，民营企业方面，有助于拓展和深化民营经济高质量发展提升国际竞争力新路径；基于异质性视角出发，从理论和实践两个方面，提升民营经济高质量发展的路径创新与对策建议，为提升泰安市民营经济高质量发展提供了新的思路。

第二，政府方面，为民营经济高质量发展提供政策依据，系统整合国家、政府、媒体、民营企业等在提升民营经济高质量发展过程中的角色和职能，完善民营经济高质量发展新路径进而提升国际竞争力的政策支持体系。

（二）国内外关于民营经济高质量发展问题研究

1. 高质量发展理论基础研究

自 1977 年苏联经济学家卡马耶夫在《经济增长的速度和质量》中首次系统阐述增长质量的重要性后，学术界开始探索经济增长质量这一概念，并开展了质量与经济社会发展关系的相关研究，例如，对欠发达国家经济增长的分析、对经济增长中收入分配不平等的研究等。国内学者基于改革及经济转型等背景，对中国经济增长质量的内涵、测度、机制等方面也进行过深入分析（任保平，2019；詹新宇、崔培培，2016）。中国社会的主要矛盾已经转化为人民日益增长的美好生活需要和不平衡不充分的发展之间的矛盾。评价新时代高质量发展标准是发展是否满足现阶段人民对美好生活的需求。提高供给质量，特别是产品、服务、工程质量成为推动高质量发展的关键性、突破性问题。因此，从产品、服务和工程质量出发，通过质量治理的体系构建，进行科学系统的分析研究，可以深刻剖析经济社会发展的阶段性变化，形成理解和阐释高质量发展的最佳视角。如何在贯彻落实中央宏观决策基础上，更好地理解与认识高质量发展，处理好新时代中国经济发展中供给与需求、投入与产出、政府与市场、公平与效率、国内与国外等基本关系（李伟，2018），高质量发展问题必须以质量问题作为其切入点。

2. 民营经济高质量发展现存问题研究

民营经济高质量发展问题也吸引了大批学者的关注，江小娟（2003）、卢进勇（2001，2009）、杨小宁（2001）、钟昌标（2001）、徐明棋（2003）、范黎波、刘佳和施屹舟（2019）、郑永年（2007）、夏善晨（2008）、裴长洪（2018）分别从民营经济高质量发展理论与实践、高质量发展面临的问题和对策等角度进行了研究。博马尔（Baumard，2017）等国外学者对国际直接投资原因、模式等相关问题的研究为我国民营经济高质量发展奠定理论基础。联合国贸发会议自 1991 年以来每年发布世界投资报告，对国际直接投资、跨国公司相关问题进行系列研究，为我国民营经济高质量发展提供了有益的指导。2018 年世界投资报告主题为低碳投资，将对外投资与可持续发展和社会责任结合在一起考虑，为高质量发展与国际竞争力提升提供了新的方向。

3. 民营经济高质量发展关键制约因素研究

高水平人才短缺、人才培养机制不畅、配置结构不合理、工匠精神相对欠缺等问题制约着实体经济高质量发展。尤其是传统制造业，范围更广、体量更大，创新能力不足对满足人民群众需要和国家整体发展的影响更大（赵昌文，2017）。技术创新面临"瓶颈期"，技术引进多于创新，基础性原创不足。实体经济高质量发展缺乏科技创新的有力支撑，导致产能过剩和有效供给不足并存（刘迎秋，2018）。竺彩华（2008），李振宇、刘向伟（2008），郝云宏、唐海燕和胡峰（2008）研究了民营经济高质量发展的社会责任问题，认为企业社会责任对于各种类型的民营经济高质量发展具有积极意义。美国波士顿咨询公司（2011）指出中国在全球竞争中在核心竞争力等领域，中国企业，特别是民营企业，与老牌跨国企业仍相差悬殊。徐明棋（2017）、许晖等（2006，2019）对民营经济高质量国际化经营风险、问题进行研究，认为人员、社区发展和环境等方面风险是民营经济国际化经营风险的重要组成部分，这些也是社会责任的重要内容。

二、泰安市民营经济高质量发展现存问题

2019 年中国民营企业 500 强榜单显示，民营企业涉及各行各业，总体上，传统产业尤其是制造业仍然是民营经济的重要支撑，计算机、通信和其他电子设备制造业发展比较突出，代表了民营经济的未来发展趋势。传统产业的升级和新兴产业的发展是经济发展最重要的支柱。从短期来看，第二产业占据主体地位，第三产业企业持续扩张。第二产业入围企业 337 家，第三产业入围企业 157 家，但资产规模和营业收入分别占 500 强的六成和四成，比重均有所提升。民营企业 500 强前十大行业共包含 312 家企业，黑色金属冶炼和压延加工业、综合、房地产业、建筑业位居前四位。从长期来看，与 2013 年相比，2019 年，综合行业、房地产业企业分别增加了 16 家、11 家，而建筑业、批发业、黑色金属冶炼和压延加工业企业分别减少了 28 家、17 家、10 家，计算机、通信和其他电子设备制造业企业自 2016 年开始进入榜单，2019 年入围已达 20 余家。可见，近年来我国民营企业积极加快产业转型升级，新兴产业的民企发展迅速，传统产业、重化工业主导的局面正在逐步改变。随着国内经济高质量发展进程的持续推进和数字经济变革的影响深化，民营企业的产业结构将进一步优化。从地域分布来看，浙江省企业上榜最多（92 家），其次为江苏省（83 家）、山东省（61 家）和广东省（60 家）。上述四省上榜企业数量达到 296 家，占比为 59.2%。①

---

① 石晶，曾诗阳. 2019 中国民营企业 500 强榜单发布［N］. 经济日报，2019 - 08 - 23（4）.

截止到 2017 年 10 月底，泰安市民营市场主体发展到 36.5 万户，占登记市场主体的 98.2%。2020 年，泰安市共有民营企业 71322 家，涉及高科技产业、旅游业、零售业、信息技术、教育等行业。民营经济市场主体不断壮大。民营经济对泰安市经济社会贡献突出。民营经济实现税收占比 88.2%。民营经济创新能力不断增强。泰安市高新技术企业，民营企业占比 95%，民营企业在技术创新成果、发明专利、驰名商标、质量奖方面占比 90% 以上。民营经济双创载体建设蓬勃发展。泰安市拥有省级以上小微企业双创基地、科技企业孵化器、众创空间等双创载体 55 家，其中民营企业占比 80% 以上。泰安市民营经济在取得成绩的同时，也面临一定困境，具体如下：

（一）融资贵、融资难之困境

"融资贵、融资难"问题在泰安市民营经济中比较突出。目前，由于民营企业融资担保体系不健全、银企信息不对称、民营企业先天条件不足等因素，金融机构偏向于把资金贷给国有企业，国有企业融资成本低于民营企业。据统计显示，民营企业能够提供固定资产作为抵质押物的仅仅占比 24.3%，绝大部分民营经济没有质押能力。互联网、云计算、信息技术等新兴高科技产业公司资产轻，未有质押能力。"融资贵"成为泰安市乃至全国民营经济高质量发展的另一困境。民营企业从正规部门取得资金困难，但是民营企业的发展离不开融资，所以民营企业转向非正规部门融资，导致非正规部门的融资需求大、利率高，形成一种恶性循环。

（二）人才流失严重

高科技人才的缺失与流失成为泰安市民营企业高质量发展又一大难题。由于民营企业大多是家族企业为背景，强大的家族关系网导致高科技人才流失。企业内部管理不完善，组织结构不合理，很多制度不规范。民营企业家传统的管理模式导致民营经济创新力度不够。人才是民营经济高质量发展的原动力，对民营经济高质量发展起到了基础性和决定性的作用。民营企业家族式的管理方式，限制了人才流入和进一步发展，造成人才流失。"留人难"也是民营企业面临的困境所在。一方面，由于泰安市经济总量在山东省处于中下游位置，民营企业工资水平相对较低，虽然泰安市出台了吸引高层次人才的一系列政策，但是相对于山东省其他城市来说，力度不足。另一方面，泰安市房产价格相对于山东省其他地市来说比较高，在山东省仅次于济南、青岛这两个副省级城市，在山东省房价排到第三位，远高于其他地市。同时，泰安市出台的人才引进"金十条"对于多数民营企业需求量最大的普通本科和有职业技能的大专毕业生，没有具体措施。泰安市高校资源位居全省第三位，既有本科院校，又有高职（技）院校，如果能吸引更多高校毕业生留在本地就业，那么将大大缓解民营企业用工难、留人难的问题。

（三）科技进步与社会转型带来巨大压力

泰安市民营经济总体数量上形成一定规模，但产业层次较低（处于传统第三产业以及第二产业）、许多企业面临"高污染、高消耗、低效益、低技术"等问题；规模以上民营工业企业的发展速度不容乐观，产业集中度与相关产业之间融合度不高民营企业核心竞争力不强，品牌影响力不大。在"互联网＋"高速发展时代，创新是推动民营经济高质量发展的主要动力。但是在互联网科技浪潮中，泰安市并没有涌现出典型的"领头羊"企业。民营企业数量较多，其经济效益与社会效益不理想，反映出经营方式的转变、产业升级、产业融合亟待改进。大多数民营企业缺乏自主创新技术开发能力，产学研联合和对外科研协作有待加强，产品附加值较低，易受到内部或者外部市场环境的冲击，转型升级刻不容缓。

（四）"后疫情"影响带来了要素成本上升、贸易保护主义抬头

中国经济走过高速发展阶段后，人口红利逐步消失，人工工资上涨、社

保缴费额度上升、能源和原材料涨价、企业能源成本和产品生产用料等方面负担加重。特别是新冠肺炎疫情的暴发更是为泰安市民营经济高质量发展带来不良影响，增加了民营经济生存成本。中美贸易争端、国际贸易保护主义抬头，对泰安市民营经济产生巨大负面影响，特别是劳动密集行业、低端制造业企业，出口减少，产品销售转向国内市场，企业经营波动较大。

（五）大部分民营企业自身的问题

泰安市民营企业绝大多数为中小微规模，人才缺乏，企业内部治理与经营管理水平亟待改进提高；大量的民营企业缺乏核心技术，创新能力不足；高新行业企业研发投入的持续性不容乐观、传统产业企业转型升级步履艰难，资料显示民营企业平均寿命不足 5 年。民营企业在组织化层面程度比较低。大多数民营企业采用单打独斗的传统的组织形式，企业产品上下游之间协同能力差，企业与企业之间抱团发展能力不强，形不成产业链的聚集和企业发展的协同力量。同时，一些大企业、政府工程项目拖欠中小企业资金的问题突出，恶意债务频发，民营企业维权无门。

三、民营经济高质量发展经验借鉴研究

（一）商会与行业协会助推温州民营经济高质量发展典型案例

改革开放 40 多年来温州一直创新求索，成为中国民营经济的先发地和改革前沿阵地。伴随着民营企业家群体的崛起，商会与行业协会也逐渐成长为经济建设和社会发展的重要力量。随着原始资本的积累过后，温州人在全国范围内成功实现"温州模式"。温州模式又被称作"小狗经济"，贴切形容了温州遍地的小企业、小家庭作坊场景。和苏南模式的集体经济，其产品主要为大工业配套服务不同，和广东模式注重利用外资发展也不同。在新的时代

背景下，温州民营经济实现高质量发展，更是融入了协会和商会组织元素。行业协会和商会扮演"政策建议者""信息传播者""市场协调者""会员服务者"的"四个角色"，只要政府企业社会凝心聚力，温州将会再创高质量发展新辉煌。

（二）中关村模式

随着知识经济的发展，企业之间的竞争日趋势激烈，面对新技术革命迅猛发展的浪潮，世界各国都在积极调整战略，把发展高新技术作为国际经济竞争和综合国力较量的制高点。中关村科技园区成立于 1988 年 5 月，是经国务院批准建立的中国第一个国家级高新技术产业开发区。经过二十几年的发展，中关村科技园区现已形成"一区七园"的发展格局：包括海淀园、丰台园、昌平园、电子城科技园、亦庄科技园、德胜园和健翔园。作为中国高新技术企业的创业乐园，中关村科技园区正在经历"三次创业"的过程。中关村的第一次创业发生在 20 世纪 80 年代，以"体制创新"为核心，一批科技专业人员下海到中关村"电子一条街"创建高科技企业。第二次创业发生在 90 年代，以"产业化建设"为核心，一大批高新技术企业寻求规模突破，走上了产业化发展的道路。进入 21 世纪，中关村发生了第三次创业的浪潮。与前两次创业相比，这次创业体现出鲜明的"国际化"特征。

"中关村模式"秉承"高科技，大平台；小企业，大市场"的理念，以客户为中心，以市场为导向，着眼于创新服务模式，根本解决科技型中小企业金融服务难题，是一次集成创新和综合解决方案。"中关村模式"主要特征表现为：第一，建立中关村产品体系，产品覆盖科技企业发展全阶段；第二，根据政府政策导向，重点推出投保贷和知识产权质押贷款，盘活科技企业特定资产；第三，明确定义中关村园区中小企业，扶持园区做大做强；第四，减少审批层级，提高审批效率；第五，建立健全专家库，聘请科技顾问，引进科技专家独立视角；第六，独立设立中关村模式不良资产控制机制。

（三）苏南模式

苏南模式，由费孝通在20世纪80年代初率先提出，通常是指苏南的苏州、无锡、常州和南通等地通过发展乡镇企业实现非农化发展的方式。其主要特征是：农民依靠自己的力量发展乡镇企业；乡镇企业的所有制结构以集体经济为主；乡镇政府主导乡镇企业的发展；以市场调节为主要手段。苏南模式是中国县域经济发展的主要经验模式之一。

苏南地区采取以乡镇政府为主组织资源方式。政府出面组织土地、资本和劳动力等生产资料，出资办企业，并由政府指派所谓的能人来担任企业负责人。这种组织方式将能人（企业家）和社会闲散资本结合起来，很快跨越资本原始积累阶段，实现了苏南乡镇企业在全国的领先发展。在计划经济向市场经济转型初期，政府直接干涉企业，动员和组织生产活动，具有速度快、成本低等优势，因而成为首选形式。

苏南地区通过发展乡镇企业，走的是一条先工业化、再市场化的发展路径：第一，与城市经济辐射密切相关，并逐步形成城乡经济一体化。苏南乡镇企业一开始就是立足为城市经济配套。与城市各种形式联合创造的产值占苏南乡镇工业总产值的1/3，与城市形成各种形式的企业群体和企业集团，与科研机构形成科研－生产联合体，形成依托城市，依托大企业和科研单位的互相渗透的城乡经济一体化。第二，苏南模式是在传统的社队企业基础上发展起来的，在所有制形式上仍沿用人民公社时期社办、队办两级社队企业，形成以乡、村两级集体所有制为主和户办、联户办等多种层次。第三，苏南乡镇企业以工业尤其是以非农副产品加工为主。这是因为苏南农业尽管发达，但农副产品上交任务重，除口粮外，能留下自己加工的少，加上较普及的商品经济观念，突破了就地取材、加工、销售的格局，走以非农副产品加工为主的产业道路。第四，苏南乡镇企业立足农村，支援农业。苏南乡镇企业的原始积累来自农业，其所有者和职工大多是农村村民，并且大多是兼业农民，企业也是建在农村，从而形成苏南乡镇企业在农村经济中产生，反过来又繁荣农村经济的良性互动局面。

四、泰安市民营经济高质量发展路径研究

通过以上研究，拟从以下几个方面提出泰安市民营经济高质量发展的路径选择：

（一）顶层设计，探索培育民营经济高质量发展的联动机制，强化各地区、各行业、各部门的协调对接

高质量发展是新时代的根本要求，是关乎未来的重大抉择，是改革发展的历史性任务。以"绿色立市""生态立市"理念引领泰安市民营经济高质量发展，基于"创新、协调、绿色、开放、共享"发展理念，加强顶层设计，从经济领域、政治领域、文化领域、社会领域、生态文明建设领域探索"五位一体"的泰安市民营经济高质量发展的联动机制，加强泰安市乃至鲁西南全域的地区、行业、部门之间的协调对接。

（二）制度建设，加强高质量发展的管理立法、社会组织管理体制改革

以 2020 年 7 月 1 日泰安市政府发布的《泰安市加快推进社会信用体系建设构建以信用为基础的新型监管机制实施方案》《泰安市加强政务诚信建设实施方案》等为准绳，加强泰安市民间经济高质量发展的社会信用体系建设，进一步发挥信用在民营经济高质量发展中的创新监管机制，进一步树立地区社会组织典型案例，加强社会组织助力泰安市民营经济高质量发展的"桥梁"作用，优化营商环境，尽快构建覆盖泰安市的民间经济高质量发展的社会组织管理系统，推动泰安市民营经济社会高质量发展。

（三）以人才建设为基础，大力推进泰安市民营经济高质量发展的人才队伍建设

强化政策措施落实，增强民营企业"获得感"，提振民营企业家信心，大力践行泰安市民营经济高质量发展战略；更要把做好乡土人才联络和回归工作作为推进民营经济高质量发展的一项重要举措，通过摸底排查、宣传造势、通盘筹划、培育平台，把返乡乡土人才"聚"起来、"唤"回来、"留"下来、"用"起来，不断优化基层人才结构，为乡村振兴积蓄人才力量，为实现泰安市民营经济高质量发展提供人才支持。

（四）进行"组合拳"设计

推进与设计民营经济高质量发展的"组合拳"，推动泰安市民营经济高质量发展实现质量变革、效率变革、动力变革。第一，明晰民营经济产业定位，优化民营经济发展格局。鼓励民营经济企业在产业、文化、生态等产业中发挥更大作用。进一步优化调整产业结构。吸引民间资本进入设施农业、观光农业、现代农业，加快泰安市田园综合体项目建设，做大优势品牌，构建现代农业发展新格局。进一步壮大第二产业，发展高端装备制造、电子信息、医药等新兴产业和先进制造业；鼓励技术研发，加快传统产业转型升级。挖掘优势做强第三产业。开展泰安市特色小镇建设，用活历史、文化和民俗资源，壮大民宿经济，推进全域旅游，打造民营新经济增长极。第二，立足省会经济圈区域优势，激发泰安市民营经济活力。在民企产业板块，助推企业技术改造、新品开发、品牌打造、抱团发展，打造产业集群，实现倍增效应。鼓励民营企业抢抓民生工程、乡村振兴、旧城改造、民宿发展等机遇，把更多民企项目列为市区级重点项目，实现民营经济与区域发展同频共振。加强与山东农业大学、泰山学院等院所合作，用好高新区众创空间等"双创"平台，助推创新驱动发展。加快特色小镇、"小西湖"等重点项目建

设，积极打造民营经济高质量发展新商圈。第三，提供地方品牌金牌服务，助力泰安市民营经济高质量发展。落实重大项目跟踪服务，聚焦民营经济高质量发展难点痛点，列清单、下任务、抓督办，拆掉"玻璃门"，砍断"高门槛"。建立健全民营经济高质量发展扶持基金，积极搭建银企合作平台，进一步释放民间资本，破解民营经济高质量发展"融资难、融资贵"难题。严查重惩破坏营商环境的人和事，强化法治保障，努力营造市场经济公平竞争环境。推进"一网通办"服务，减审批、缩流程，限时办结，建立亲清政商关系，全力做好对外开放和民营经济高质量发展的地方品牌金牌服务。

（五）成立行业协会组织，形成商会、民营经济等相辅相成的高质量发展格局

建立健全企业联盟和行业协会，提高企业组织化程度。鼓励和支持支柱产业、优势产业、特色产业和新兴产业领域组建企业联盟和行业协会，搭建企业自我服务、自我管理、自我约束的平台，在企业融资、市场开拓、行业秩序、政银企联系等方面发挥积极作用。全市各级政府和有关部门及企业联盟、行业协会要组织民营企业积极"走出去"参与境内外市场开拓，参加中博会、农博会、APEC 技展会、创业创富博览会、网博会等针对性强的展销会、洽谈会。

五、泰安市民营经济高质量发展对策研究

（一）优化民营经济营商环境，拓展民营经济高质量发展空间

营商环境是一个国家或地区经济软实力的重要体现，营商环境评价更是一项重要且关键的基础制度保障。深入推行适于山东省，特别是泰安市民营

经济高质量发展的营商环境评价体系。

1. 坚持以企业需求为导向优化政策环境

第一，进一步简政放权，提高办事效率，公平对待民营企业。进一步放宽民营经济市场准入，将部分优质资源让位于民营经济；进一步优化顶层设计，构建民营经济高质量发展信息平台、优惠政策平台，加强政策的系统性、延续性、匹配性，减少相互制约、相互扯皮的行为与制度障碍。优化营商环境，让企业便利，坚决破除"官本位"思想，实现"一网通办、只找一人、一次办好"目标；提高政策"执行率""知晓率"和"到达率"。

第二，优化区域行政障碍，实现区域民营经济高质量发展的政策和谐性。取消当地政府政绩形象工程评价，优化民营经济高质量发展结构优化，实现不同行政区域、不同行政部门在促进民营经济高质量发展的目标规划、政策激励、服务功能的统一性与协调性。支持公平竞争，给企业清障，降低民营企业市场准入，维护健康市场秩序，严格规范涉企执法检查活动。

第三，完善民营经济高质量发展市场监管机制，加强民营经济高质量发展信息收集、使用、共享、披露、信用保障等机制，完善守信激励与失信惩戒机制，加强协同监管。推广并严格执行民营经济投资项目负面清单管理制度，完善配套政策和实施细则，有序将采用市场化运作的基础性公共项目向民间资本全面开放；扩大政策服务受惠面，充分发挥政策的引领和激励作用，构建相应时期的民营经济生产要素保障体系；维护民营企业合法权益。

2. 建立健全民营经济对等的行业准入机制与退出机制

针对民营企业与国有企业存在行业进入的不对等以及行业准入壁垒，努力创造民营企业发展的软环境。最重要的是，要建立归属清晰、权责明确、保护严格、流转顺畅的现代产权制度；要建立并实施强力有效的产权或权益

"冤案错案"纠错制度，有效保护经济主体合法的人身和财产安全；建立健全公平宽松的市场准入与市场竞争制度，给予民营企业更大的转型升级空间、产业选择和发展空间。随着税基的扩大，征收方式更加严格，某种程度上减税效应受到部分消减，民营企业短期获得感不够强，面对日益严峻的国际经济环境，进一步加大短期纾困措施力度尤为必要。

（二）人才因素是最核心的驱动力

1. 制定合理的人才引进战略

民营经济要实现高质量发展必须加强人才队伍建设。为此，民营经济通过发展空间的提供、优秀文化的建设，以及公开透明、多层次的晋升模式等形式吸引并留住高科技人才，实现人企共同发展、人企合一的良好企业文化。坚持在公平竞争的基础上，拓展人才的晋升空间；定期不定期地实施人才培训计划，促进民营经济人员整体技能水平提升。

2. 多管齐下留住人才，大力提升民营经济创新能力

进一步更新观念，通过加强民营经济企业文化建设，逐步从家族式管理向现代管理模式转变。首先，提供人才安居保障。政府出资兴建配套市政及公共服务设施，鼓励符合条件的民营企业自主建设人才公寓，为人才提供安居保障，尽快出台鼓励和吸引各方面人才来泰城就业发展的优惠政策。其次，落实好现行鼓励民营经济创新发展的各项优惠政策，大力支持民营经济科技投入，构建有效的研发机制，提高研发水平，降低运营成本，走高质量发展之路，推动民营经济实现良性发展。

3. 支持企业家聚焦主业做强实业，夯实民营经济高质量发展基础

坚定不移地把实体经济作为发展根基，集中资源深耕主业、做精专业，

打造民营实体经济全产业链条；注重民营实体经济创新打造品牌，不断增强民营实体经济企业自主创新能力，从战略高度重视品牌价值、强化品牌意识；对接"一带一路"倡议，实施"走出去、引进来"战略，把开放合作作为民营实体经济做大做强的必由之路；重担当、有情怀，以优秀品质、家国情怀、担当勇气去建设发展企业。

4. 加强民营经济企业家培养，促进民营经济企业家"合法地位"

积极培养现代民营企业家，打造一流企业家队伍，弘扬企业家精神，把挖掘企业家人才作为推动民营企业发展的关键环节。提升民营企业在人才引进、认定评价等方面的政策支持，推动民营企业各层次人才引进享受与国有企业和事业单位同等政策待遇和津贴，赋予民营企业扎根做长远之事的定力。

5. 强化政策措施落实，实施"包容"机制

增强民营企业"获得感"，提振民营经济企业家信心。加快建立改革创新容错机制，允许改革试错、犯错，对于落实相关政策措施失误而导致的一些问题给予足够的宽容。采取包容态度，鼓励大胆改革和创新，为广大民营经济企业和民营经济企业家带来实实在在的好处，提振民营经济转型升级、高质量发展的信心和决心。

6. 加强与泰安高校交流合作，搭建校企对接平台

加强人才政策协同，实施"技与人""资与智"双引政策，健全"引、育、用、留"人才政策体系。充分发挥高校高科技引领作用，围绕泰安市产业结构、紧缺人才优化专业设置，衔接教育培养与市场需求，采用"订单式"培养等形式加强民营经济与高校合作，为泰安市民营经济高质量发展提

供高素质技术人才。

（三）技术因素持续推动着民营经济高质量发展，加强资源因素和社会因素的协同驱动

1. 强化民营经济企业开放合作，"集体出海"，深度嵌入"一带一路"产能合作

鼓励民营企业通过"一带一路"倡议等国家层面的举措大胆地走出去，加强国际技术合作，提高技术水平。打破地域和空间限制，在全国范围内进行要素组合和开展经济技术合作，特别是响应、参与各类国家战略的实施。

2. 加强生态优先发展战略，实现民营经济高质量发展

坚定走生态优先、绿色发展之路，着力推进绿色发展、循环发展、低碳发展，加快淘汰落后的技术、工艺和设备，积极推广清洁、高效、绿色环保的生产技术，努力提高产品质量，促进企业迈向价值链中高端，积极拓展中高端市场。

3. 积极破解转型困局，大幅提升民营经济转型升级高质量发展的能力

要支持引导民营企业建立现代企业制度，创新管理方式，加快实现企业治理机制专业化和产权结构多元化。推动民营企业发展战略转型，鼓励民营企业大力发展新兴产业，加大科技创新投入，不断增强自主创新能力，构建以企业为主体、市场为导向、产学研相结合的技术创新体系。培育和弘扬企业家精神和工匠精神，引导民营企业向"专、精、特、新"方向转型，提升企业核心竞争力。加快民营企业"走出去"和海外投资的步伐，打造国际知名品牌，增强民营企业国际竞争力。

（四）拓展融资渠道，加强金融支持

1. 降低民营经济税费负担，降低民营企业税费成本

进一步调研民营经济税费负担情况，简化民营经济税费征收制度，真实有效减轻民营经济税费负担。继续适当降低"五险一金"有关缴费比例，降低用工成本。进一步降低用地、用能、物流成本和其他制度性交易成本。建立健全民营经济纾困救助基金。政府有关部门联合金融机构，并动员社会资金投入设立纾困基金，以产品有市场、发展前景好、绿色生态环保的重点骨干民营经济为主要对象，在民营经济出现短期流动性风险时予以必要救助。

2. 拓展民营经济融资渠道，为民营经济营造良好投融资环境

在现有基础上，进一步拓展民营经济融资渠道，采用线上、线下多种形式拓展民营经济资金来源；加强社会资本倾向管理，避免专项资金的"脱实向虚"；进一步释放民间资本，加强中小银行的支持力度与政策支持；加强民营金融服务监管，特别是互联网金融等新兴的金融产品。加强对具有成长空间或良好发展前景的"朝阳企业"、新兴产业合理科学引导，营造良好的、透明的、让民营经济放心的投融资环境。

3. 加强民营经济投融资平台建设

加强产业配套、人才、金融等相关信息的民营经济投融资环境与信息平台，加强民营经济债券融资工具的多样化；加强金融相关政务服务体系，为民营经济提供优质服务；强化行政服务效率，规范民营经济相关中介服务收费标准，加强行政审批中介服务事项清单的透明度。完善民营经济的相关法律法规，为民营经济提供"一站式"法律环境与制度保障。

4. 建立健全民营经济政策性担保体系

设立民营经济融资担保风险补偿金规范和清理贷款中间环节收费，引导金融机构合理控制存贷款利差，降低融资成本。规范融资中评估、审计、保险、登记等金融中介服务收费，构建政府引导、市场主导的融资担保体系。发挥地方政府融资担保机构作用，为符合条件的民营经济提供低费率的担保支持，提高民营经济获得资金的通过率，有效降低民营经济融资成本。设立民营经济高质量发展奖惩基金，加大民营经济高质量发展奖惩力度，鼓励民间担保机构为民营经济高质量发展"保驾护航"。

（五）民营企业创新体系是民营经济高质量发展外生动力，助力民营企业提质增效、创新发展

大力支持民营经济创新活动，实施民营经济品牌战略，培育泰安市民营经济龙头企业。给予税收优惠与政策加强民营经济创新创业行为，以创新驱动泰安市民营经济高质量发展。以泰山为地方品牌，加强民营经济地方品牌效应，进一步延伸地方品牌产业链；借助互联网、物联网、云计算、大数据等加强自主创新，向全球价值链中高端迈进。

1. 加强科技引领，助力民营经济高质量发展

掌握核心技术是民营经济高质量发展的首要问题，是国际分工中的首要因素。加大科技研发投入力度，夯实基础学科研究，鼓励科技成果转化，大力支持优势民营经济开展关键技术攻坚、集体攻关。

2. 加强创新引领，助力民营经济高质量发展

创新能力是民营经济高质量发展的重要基础，是民营经济市场竞争优势所在。营造利于民营经济创业创新的社会环境，积极推进新产业、新业态、

新模式发展，为民营经济高质量发展注入新活力。

3. 加强品牌引领，助力民营经济高质量发展

品牌价值是民营经济高质量发展的核心价值所在，是民营经济价值的核心组成部分。将品牌战略作为民营经济最高竞争战略，积极推进民营经济品牌建设工程，探索建立差异化个性化的民营经济品牌建设引导机制，不断提高民营经济的品牌影响力和认知度。

4. 引导和强化民营经济技术创新，加强制度建设

民营经济创新发展需要政府强有力引导，需要市场力量激发民营经济创新动能，提升民营经济核心竞争力。加强民营经济企业制度建设，促进民营经济正规化、大型化，突破民营经济的"制度短板"。按照市场经济要求，加强制度再造，建立以法人治理结构为特征的现代企业制度。

参 考 文 献

[1] 埃森哲. 中国能源互联网商业生态展望 [J]. 软件和集成电路，2017 (12)：70 – 78.

[2] 蔡跃洲. 数字经济的国家治理机制：数据驱动的科技创新视角 [J]. 北京交通大学学报 (社会科学版)，2021，20 (2)：39 – 49.

[3] 曹凤岐. 互联网金融需要综合监管 [J]. 北大商业评论，2015 (5)：52 – 57.

[4] 曹华盛. 试论忠县旅游与长江三峡旅游的共生发展 [J]. 人文地理，2002 (3)：47 – 49.

[5] 曹新向，丁圣彦. 特色农业的选择和培育 [J]. 西北农林科技大学学报 (社会科学版)，2003 (3)：71 – 75.

[6] 曹正勇. 数字经济背景下促进我国工业高质量发展的新制造模式研究 [J]. 理论探讨，2018 (2)：99 – 104.

[7] 曾刚. 积极关注互联网金融的特点及发展：基于货币金融理论视角 [J]. 银行家，2012 (11)：11 – 13.

[8] 陈福中. 数字经济、贸易开放与"一带一路"沿线国家经济增长 [J]. 兰州学刊，2020 (11)：100 – 112.

[9] 陈立梅，黄卫东，陈晨. 在线评论对出境旅游购买意愿的影响路径研究：基于精细加工可能性模型 [J]. 经济体制改革，2019 (5)：104 – 112.

[10] 陈明明，张文铖. 数字经济对经济增长的作用机制研究 [J]. 社会科

学，2021（1）：44 – 53.

[11] 陈石，陈晓红．"两化融合"与企业效益关系研究：基于所有制视角的门限回归分析 [J].财经研究，2013，39（1）：103 – 111.

[12] 陈晓红，李喜华．基于直觉梯形模糊 TOPSIS 的多属性群决策方法 [J].控制与决策，2013，28（9）：1377 – 1381，1388.

[13] 陈新岗，李梓旗．基于互联网金融视角的网络信用风险传导机制研究 [J].创新，2017，11（1）：80 – 90.

[14] 程国强，邓秀新．新阶段巩固拓展脱贫攻坚成果面临的挑战与政策建议 [J].中国工程科学，2021，23（5）：148 – 156.

[15] 程惠霞．基于巩固拓展脱贫攻坚成果的金融扶贫政策"三维一体"赋能新路径 [J].中国行政管理，2021（9）：87 – 93.

[16] 程立茹．互联网经济下企业价值网络创新研究 [J].中国工业经济，2013（9）：82 – 94.

[17] 崔丹，吴昊，刘宏红，吴殿廷．大都市区贫困带旅游精准扶贫模式与路径探析：以环京津贫困带 22 个国家级贫困县为例 [J].中国软科学，2019（7）：81 – 90.

[18] 崔瑜，焦豪，张样．基于 IT 能力的学习导向战略对绩效的作用机理研究 [J].科研管理，2013，34（7）：93 – 100.

[19] 戴险峰．黄金：新年不"欢喜"[J].中国外汇，2014（1）：74 – 75.

[20] 丁杰．外部货币政策冲击对我国经济的影响及传导途径：基于 Global-VAR 方法的实证研究 [J].金融理论与实践，2015（9）：8 – 13.

[21] 丁玉龙．数字经济的本源、内涵与测算：一个文献综述 [J].社会科学动态，2021（8）：57 – 63.

[22] 丁志帆．数字经济驱动经济高质量发展的机制研究：一个理论分析框架 [J].现代经济探讨，2020（1）：85 – 92.

[23] 丁志帆．信息消费驱动下的传统产业变革：基本内涵与内在机制 [J].

经济学家，2020（3）：87-94.

[24] 董玮，秦国伟，于法稳. 脱贫攻坚与乡村振兴的有效衔接：转换与调适：基于公共政策的视角 [J]. 农村经济，2021（9）：64-72.

[25] 董有德，米筱筱. 互联网成熟度、数字经济与中国对外直接投资：基于 2009—2016 年面板数据的实证研究 [J]. 上海经济研究，2019（3）：65-74.

[26] 杜婵，张克俊. 新发展阶段巩固拓展脱贫攻坚成果的多重逻辑、科学内涵与实现维度 [J]. 农村经济，2021（10）：62-72.

[27] 杜传忠，杨志坤. 我国信息化与工业化融合水平测度及提升路径分析 [J]. 中国地质大学学报（社会科学版），2015，15（3）：84-97，139.

[28] 鄂奕洲，乔玉洋，刘子超. 互联网金融模式演进与风险识别研究：基于系统科学视角 [J]. 华东经济管理，2016，30（3）：91-96.

[29] 范黎波，刘佳，施屹舟. 论我国海外经贸园区高质量发展 [J]. 开放导报，2019（2）：19-22.

[30] 范珑. 旅游者网络消费行为特征研究 [J]. 旅游纵览（下半月），2016（6）：22.

[31] 冯淑华. 基于共生理论的古村落共生演化模式探讨 [J]. 经济地理，2013，33（11）：155-162.

[32] 高红冰. 技术和商业结合颠覆传统零售业 [J]. 时代经贸，2017（22）：63.

[33] 龚明华. 互联网金融：特点、影响与风险防范 [J]. 新金融，2014（2）：8-10.

[34] 龚沁宜，成学真. 数字普惠金融、农村贫困与经济增长 [J]. 甘肃社会科学，2018（6）：139-145.

[35] 郭清霞. 旅游扶贫 PPT 战略及其特征：以湖北省为例 [J]. 湖北大学学报（哲学社会科学版），2003（5）：110-113.

［36］郭庆然．企业信息化提升企业竞争力的机制研究［J］．科技管理研究，2009，29（7）：429－432.

［37］郭荣秋．信息技术能力及其与企业绩效关系研究综合评述［J］．科技信息，2010（13）：109，132.

［38］韩先锋，惠宁，宋文飞．信息化能提高中国工业部门技术创新效率吗［J］．中国工业经济，2014（12）：70－82.

［39］郝云宏，唐海燕，胡峰．发展中国家跨国公司对外直接投资中的社会责任［J］．科技进步与对策，2008（7）：49－52.

［40］何帆，刘红霞．数字经济视角下实体企业数字化变革的业绩提升效应评估［J］．改革，2019（4）：137－148.

［41］何文虎，杨云龙．我国互联网金融风险监管研究：基于制度因素和非制度因素的视角［J］．金融发展研究，2014（8）：48－54.

［42］何枭吟．数字经济发展趋势及我国的战略抉择［J］．现代经济探讨，2013（3）：39－43.

［43］何哲．群体性事件的演化和治理策略：基于集体行为和西方社会运动理论的分析［J］．理论与改革，2010（4）：105－109.

［44］胡丽芳．旅游资源与行政区域的地缘关系及其影响［J］．社会科学家，2003（5）：84－88.

［45］胡晓鹏．产业共生：理论界定及其内在机理［J］．中国工业经济，2008（9）：118－128.

［46］黄国庆．连片特困地区旅游扶贫模式研究［J］．求索，2013（5）：253－255.

［47］黄新建，张余．货币政策、企业贷款续新与投资效率［J］．审计与经济研究，2016，31（2）：111－119.

［48］黄震，邓建鹏，熊明，任一奇，乔宇涵．英美P2P监管体系比较与我国P2P监管思路研究［J］．金融监管研究，2014（10）：45－58.

[49] 黄震. 用大数据监管减弱股灾 [J]. 中国战略新兴产业, 2015 (16): 84 – 87.

[50] 江积海, 王烽权. O2O 商业模式的创新路径及其演进机理: 品胜公司平台化转型案例研究 [J]. 管理评论, 2017, 29 (9): 249 – 261.

[51] 江小娟. 投资鼓励措施与吸引外资问题探讨 [J]. 现代乡镇, 2003 (4): 17 – 21.

[52] 姜志旺, 张红霞, 申晨, 程冬玲, 吴红乐. 基于 Logistic 回归模型的互联网金融信用风险评估 [J]. 黑龙江科技信息, 2016 (29): 147.

[53] 焦勇. 数字经济赋能制造业转型: 从价值重塑到价值创造 [J]. 经济学家, 2020 (6): 87 – 94.

[54] 荆文君, 孙宝文. 数字经济促进经济高质量发展: 一个理论分析框架 [J]. 经济学家, 2019 (2): 66 – 73.

[55] 康铁祥. 数字经济及其核算研究 [J]. 统计与决策, 2008 (5): 19 – 21.

[56] 康铁祥. 中国数字经济规模测算研究 [J]. 当代财经, 2008 (3): 118 – 121.

[57] 李博, 董亮. 互联网金融的模式与发展 [J]. 中国金融, 2013 (10): 19 – 21.

[58] 李玎玎, 李雪灵. 环境动态性、资源拼凑与中小企业创新 [J]. 财经问题研究, 2021 (4): 123 – 129.

[59] 李东卫. 互联网金融: 国际经验、风险分析及监管 [J]. 金融会计, 2014 (7): 31 – 35.

[60] 李华民, 吴非, 陈哲诗. 谁为中小企业融资?: 基于信息处理能力跨期演化视角 [J]. 金融经济学研究, 2014, 29 (5): 119 – 128.

[61] 李辉. 大数据推动我国经济高质量发展的理论机理、实践基础与政策选择 [J]. 经济学家, 2019 (3): 52 – 59.

[62] 李慧, 宋良荣. 互联网金融风险的分类及评估研究 [J]. 电子商务,

2016（12）：50－53.

[63] 李佳，田里．旅游精准扶贫对民族村落农户生计影响的比较：基于云贵民族村落的调查数据［J］．贵州民族研究，2020，41（3）：87－93.

[64] 李佳，朱敏，田里．中国旅游与扶贫耦合协调发展评价［J］．统计与决策，2021，37（20）：175－179.

[65] 李坤望，邵文波，王永进．信息化密度、信息基础设施与企业出口绩效：基于企业异质性的理论与实证分析［J］．管理世界，2015（4）：52－65.

[66] 李岚．共生型休闲旅游产业集群化发展研究［J］．中小企业管理与科技（中旬刊），2014（4）：189－190.

[67] 李瑞，黄慧玲，刘竞．山岳旅游景区旅游扶贫模式探析：基于对伏牛山重渡沟景区田野调查的思考［J］．地域研究与开发，2012，31（1）：94－98.

[68] 李伟．坚持底线思维，推进高质量发展［J］．新经济导刊，2018（11）：6－10.

[69] 李晓华．"互联网＋"改造传统产业的理论基础［J］．经济纵横，2016（3）：57－63.

[70] 李彦臻，任晓刚．科技驱动视角下数字经济创新的动力机制、运行路径与发展对策［J］．贵州社会科学，2020（12）：113－120.

[71] 李永红，黄瑞．我国数字产业化与产业数字化模式的研究［J］．科技管理研究，2019，39（16）：129－134.

[72] 李长江．关于数字经济内涵的初步探讨［J］．电子政务，2017（9）：84－92.

[73] 李振宇，刘向伟．CSR：国际工程承包企业发展的新思维［J］．国际经济合作，2008（9）：46－50.

[74] 李忠民，周维颖，田仲他．数字贸易：发展态势、影响及对策［J］．国

际经济评论，2014（6）：131-144，8.

[75] 林东华. 长尾理论下的中小企业网络化生存机理与策略［J］. 北京工业大学学报（社会科学版），2009，9（2）：29-34.

[76] 林文进，江志斌，李娜. 服务型制造理论研究综述［J］. 工业工程与管理，2009，14（6）：1-6，32.

[77] 刘辰. 互联网金融的功能、运行模式、风险识别及发展的制度设计［J］. 现代经济信息，2016（3）：265-266.

[78] 刘丹. 关于规范商业银行创新型非标债权业务发展的思考［J］. 金融发展研究，2014（12）：73-76.

[79] 刘丹丹，黄安民. 网络旅游消费者行为特征研究［J］. 旅游纵览（下半月），2017（14）：16-17.

[80] 刘海启. 以精准农业驱动农业现代化加速现代农业数字化转型［J］. 中国农业资源与区划，2019，40（1）：1-6，73.

[81] 刘佳，杨永忠. 数字经济时代长尾理论的三维实现模式研究：以中国移动彩铃为例［J］. 华东经济管理，2013，27（6）：172-176.

[82] 刘家明. 国内外海岛旅游开发研究［J］. 华中师范大学学报（自然科学版），2000（3）：349-352.

[83] 刘骏. 城乡数字鸿沟持续拉大城乡收入差距的实证研究［J］. 统计与决策，2017（10）：119-121.

[84] 刘鹏程，孙新波，张大鹏，魏小林. 组织边界跨越能力对开放式服务创新的影响研究［J］. 科学学与科学技术管理，2016，37（11）：136-151.

[85] 刘士余. 互联网支付的创新与监管［J］. 中国金融，2013（20）：9-10.

[86] 刘淑春. 中国数字经济高质量发展的靶向路径与政策供给［J］. 经济学家，2019（6）：52-61.

[87] 刘向东，刘雨诗，陈成漳. 数字经济时代连锁零售商的空间扩张与竞争机制创新［J］. 中国工业经济，2019（5）：80-98.

［88］刘旭辉．我国企业集团产融结合和实施路径的思考［J］．现代商业，
2021（21）：71－73．

［89］刘耀彬，张云帆，喻群．互联网对中国区域城镇化质量的影响效应评
价［J］．武汉大学学报（工学版），2017，50（2）：290－295．

［90］刘英，罗明雄．互联网金融模式及风险监管思考［J］．中国市场，2013
（43）：29－36．

［91］刘迎秋．习近平民营经济思想的逻辑演进：从"民营经济支柱论"到
"民营经济基础论"［J］．治理研究，2018，34（2）：14－20．

［92］刘长庚，王宇航，张磊．数字普惠金融提高了劳动收入份额吗？［J］．
经济科学，2022（3）：143－154．

［93］娄在凤．在线旅游消费者购买决策影响因素分析［J］．商业经济研究，
2016（12）：38－40．

［94］卢进勇，张之梅．"走出去"过程中的知识产权问题研究［J］．国际经
济合作，2009（7）：9－13．

［95］卢进勇．入世与中国企业的"走出去"战略［J］．国际贸易问题，
2001（6）：1－5．

［96］鲁柏杨，梅盼盼．基于模糊层次分析法的互联网供应链金融操作风险
评估研究［J］．时代金融，2016（35）：333－334，337．

［97］罗冬梅．构建数字化酒店的瓶颈与对策［J］．科技咨询导报，2007
（22）：100．

［98］罗珉，李亮宇．互联网时代的商业模式创新：价值创造视角［J］．中国
工业经济，2015（1）：95－107．

［99］罗明雄，谭盛辉．互联网金融前途几何［J］．法人，2013（6）：66－68．

［100］吕臣，林汉川，王玉燕．基于共生理论破解小微企业"麦克米伦缺
陷"难题［J］．科技进步与对策，2015，32（2）：91－95．

［101］吕铁．传统产业数字化转型的趋向与路径［J］．人民论坛·学术前沿，

2019（18）：13－19.

[102] 马中东，宁朝山．数字经济、要素配置与制造业质量升级［J］．经济体制改革，2020（3）：24－30.

[103] 毛玲玲．发展中的互联网金融法律监管［J］．华东政法大学学报，2014（5）：4－9.

[104] 宁光杰，林子亮．信息技术应用、企业组织变革与劳动力技能需求变化［J］．经济研究，2014，49（8）：79－92.

[105] 欧阳芳．基于长尾理论的小微企业供给侧改革新思路［J］．福建论坛（人文社会科学版），2016（10）：60－64.

[106] 欧阳桃花，丁玲，郭瑞杰．组织边界跨越与IT能力的协同演化：海尔信息系统案例［J］．中国工业经济，2012（12）：128－140.

[107] 欧阳资生，莫廷程．互联网金融风险度量与评估研究［J］．湖南科技大学学报（社会科学版），2016，19（3）：173－178.

[108] 潘琦．"数字化"酒店［J］．工程设计CAD与智能建筑，2001（9）：19－21.

[109] 逄健，朱欣民．国外数字经济发展趋势与数字经济国家发展战略［J］．科技进步与对策，2013，30（8）：124－128.

[110] 裴长洪，倪江飞，李越．数字经济的政治经济学分析［J］．财贸经济，2018（9）：5－22.

[111] 裴长洪．中国经济发展新趋势与外贸增长新优势［J］．国际贸易问题，2018（12）：8－10.

[112] 彭景，卓武扬．我国互联网金融系统性风险的特征、成因及监管［J］．西南金融，2016（10）：3－7.

[113] 彭赛．互联网金融背景下P2P网贷公司风险及成因分析［J］．时代金融，2015（23）：207－209.

[114] 齐美虎，王涵，徐杰．基于医疗保障政策的巩固拓展脱贫攻坚成果实证

研究：以滇西边境山区为例［J］. 经济问题探索，2021（5）：49-59.

［115］钱虹，李超，叶建华，薛阳，杨旭红. 蒸汽发生器水位全程数字化控制系统［J］. 上海电力学院学报，2009，25（4）：313-316，324.

［116］邱冬阳，肖瑶. 互联网金融本质的理性思考［J］. 新金融，2014（3）：19-22.

［117］邱泽奇，张樹沁，刘世定，许英康. 从数字鸿沟到红利差异：互联网资本的视角［J］. 中国社会科学，2016（10）：93-115，203-204.

［118］任保平. 新时代我国制造业高质量发展需要坚持的六大战略［J］. 人文杂志，2019（7）：31-38.

［119］荣宏庆. 新型工业化与信息化深度融合路径探讨［J］. 社会科学家，2013（7）：73-76.

［120］申晨，程冬玲，姜志旺，张红霞. 模糊层次分析法在互联网金融风险评估中的应用［J］. 黑龙江科技信息，2016（5）：135.

［121］石建勋. 亟待完善互联网金融发展的政策环境［J］. 金融经济，2015（10）：22-23.

［122］宋丽萍. 从"中国好书"的 AR 技术应用看传统出版的数字化转型［J］. 科技传播，2019，11（19）：51-52.

［123］宋瑞. 生态旅游的多重辨析［J］. 北京第二外国语学院学报，2003（3）：33-38.

［124］宋洋. 经济发展质量理论视角下的数字经济与高质量发展［J］. 贵州社会科学，2019（11）：102-108.

［125］宋洋. 数字经济、技术创新与经济高质量发展：基于省级面板数据［J］. 贵州社会科学，2020（12）：105-112.

［126］苏章全，李庆雷，明庆忠. 基于共生理论的滇西北旅游区域旅游竞合研究［J］. 山西师范大学学报（自然科学版），2010，24（1）：98-103.

[127] 粟娟. 武陵源旅游扶贫效益测评及其优化 [J]. 商业研究, 2009 (9): 205 - 208.

[128] 孙春雷, 张明善. 精准扶贫背景下旅游扶贫效率研究: 以湖北大别山区为例 [J]. 中国软科学, 2018 (4): 65 - 73.

[129] 孙德林, 王晓玲. 数字经济的本质与后发优势 [J]. 当代财经, 2004 (12): 22 - 23.

[130] 谭芳, 黄林华. 广西百色市的旅游扶贫 [J]. 广西大学学报 (哲学社会科学版), 2000 (S1): 68 - 69.

[131] 陶金泽亚, 吴凤羽. 工业4.0背景下的个性化定制探讨 [J]. 改革与开放, 2015 (21): 17 - 18.

[132] 田丽. 各国数字经济概念比较研究 [J]. 经济研究参考, 2017 (40): 101 - 106, 112.

[133] 田露露, 韩超. 环境规制提高了企业市场势力吗?: 兼论非公平竞争的存在 [J]. 中国地质大学学报 (社会科学版), 2021, 21 (4): 73 - 89.

[134] 涂圣伟. 脱贫攻坚与乡村振兴有机衔接: 目标导向、重点领域与关键举措 [J]. 中国农村经济, 2020 (8): 2 - 12.

[135] 万建香. 信息化与工业化融合路径KMS: 企业微观层面的传导机制分析 [J]. 江西社会科学, 2009 (12): 74 - 77.

[136] 汪斌, 余冬筠. 中国信息化的经济结构效应分析: 基于计量模型的实证研究 [J]. 中国工业经济, 2004 (7): 21 - 28.

[137] 汪淼军, 张维迎, 周黎安. 信息技术、组织变革与生产绩效: 关于企业信息化阶段性互补机制的实证研究 [J]. 经济研究, 2006 (1): 65 - 77.

[138] 王德禄, 岳渤, 单洁洁, 徐鹏. 疫后新经济的崛起及其驱动机制 [J]. 中国科技产业, 2022 (5): 58 - 61.

［139］王国刚，董裕平. 中国金融体系改革的系统构想［J］. 经济学动态，
2015（3）：9－21.

［140］王慧英. 基于主成分分析的制造企业信息化评价方法研究［J］. 天津
大学学报（社会科学版），2005（2）：106－109.

［141］王介勇，戴纯，刘正佳，李裕瑞. 巩固脱贫攻坚成果，推动乡村振兴的
政策思考及建议［J］. 中国科学院院刊，2020，35（10）：1273－1281.

［142］王娟. 数字经济驱动经济高质量发展：要素配置和战略选择［J］. 宁
夏社会科学，2019（5）：88－94.

［143］王凯. 旅游开发中的"边界共生"现象及其区域整合机制［J］. 开发
研究，2004（1）：42－44.

［144］王刊良，万映红. 网络经济中的电子商务模式创新［J］. 决策借鉴，
2002（4）：48－53.

［145］王孔敬. PPT战略视野下民族山区旅游扶贫开发模式研究：以湖北武
陵山区为例［J］. 湖北民族学院学报（哲学社会科学版），2015，33
（6）：35－38.

［146］王念新，仲伟俊，梅姝娥. 信息技术战略价值及实现机制的实证研究
［J］. 管理科学学报，2011，14（7）：55－70.

［147］王睿. 装备制造业技术创新的文化驱动［J］. 沈阳工业大学学报（社
会科学版），2013，6（3）：205－209.

［148］王曙光，孔新雅，张棋尧. 将互联网金融思维植入普惠金融［J］. 中
国金融家，2014（6）：125－126.

［149］王娅，阎荣舟. 共享经济价值增值机理与中国经济高质量发展路径
［J］. 新视野，2019（6）：80－85.

［150］王瑀. 民族地区旅游扶贫开发与文化失忆的真实性解读［J］. 成都纺
织高等专科学校学报，2013，30（3）：22－23，26.

［151］王玉辉，原毅军. 服务型制造带动制造业转型升级的阶段性特征及其

效应 [J]. 经济学家, 2016 (11): 37 - 44.

[152] 王玉柱. 强智能时代市场仍将发挥主导性作用吗: 兼论市场、企业与政府资源配置互补关系研究 [J]. 经济学家, 2018 (6): 65 - 72.

[153] 魏冬冬. 我国信息内容产业集群分布研究 [J]. 信息资源管理学报, 2011, 1 (3): 103 - 108, 88.

[154] 魏江, 刘嘉玲, 刘洋. 数字经济学: 内涵、理论基础与重要研究议题 [J]. 科技进步与对策, 2021, 38 (21): 1 - 7.

[155] 魏鹏. 金融新常态下商业银行渠道建设管理研究 [J]. 金融发展研究, 2015 (9): 59 - 66.

[156] 乌小花, 周辉. 多源流视角下民族政策变迁理论分析框架研究 [J]. 中央民族大学学报 (哲学社会科学版), 2016, 43 (3): 54 - 62.

[157] 吴凤羽, 许焱. 企业信息化与核心竞争力 [J]. 中外企业家, 2006 (2): 81 - 83.

[158] 吴晓波, 章威, 陈宗年. 高科技企业技术跨越战略研究 [J]. 研究与发展管理, 2006 (2): 15 - 21.

[159] 吴晓求. 互联网金融: 成长的逻辑 [J]. 财贸经济, 2015 (2): 5 - 15.

[160] 夏善晨. 中国企业在经济全球化过程中的法律规制 [J]. 国际经济合作, 2008 (7): 18 - 24.

[161] 向书坚, 吴文君. OECD 数字经济核算研究最新动态及其启示 [J]. 统计研究, 2018 (12): 3 - 15.

[162] 肖国安. 数字经济发展对中国区域全要素生产率的影响研究 [J]. 合肥工业大学学报 (社会科学版), 2019 (5): 6 - 12.

[163] 肖海平, 谷人旭, 黄静波. 湘粤赣 "红三角" 省际边界区旅游资源联动开发共生模式研究 [J]. 世界地理研究, 2010, 19 (3): 121 - 127.

[164] 肖红军, 李平. 平台型企业社会责任的生态化治理 [J]. 管理世界, 2019, 35 (4): 120 - 144, 196.

[165] 肖建红, 肖江南. 基于微观经济效应的面向贫困人口旅游扶贫（PPT）模式研究: 以宁夏六盘山旅游扶贫实验区为例 [J]. 社会科学家, 2014 (1): 76 – 80.

[166] 肖旭, 戚聿东. 产业数字化转型的价值维度与理论逻辑 [J]. 改革, 2019 (8): 61 – 70.

[167] 萧灼基. 金融共生理论与城市商业银行改革序言 [M]. 北京: 商务印书馆, 2002.

[168] 谢康, 廖雪华, 肖静华. 效率与公平不完全相悖: 信息化与工业化融合视角 [J]. 经济研究, 2021, 56 (2): 190 – 205.

[169] 谢康, 肖静华, 周先波, 乌家培. 中国工业化与信息化融合质量: 理论与实证 [J]. 经济研究, 2012, 47 (1): 4 – 16, 30.

[170] 谢平, 邹传伟, 刘海二. 互联网金融监管的必要性与核心原则 [J]. 国际金融研究, 2014 (8): 3 – 9.

[171] 谢平, 邹传伟. 互联网金融模式研究 [J]. 金融研究, 2012 (12): 11 – 22.

[172] 谢卫红, 王田绘, 成明慧, 王永健. IT能力、二元式学习和突破式创新关系研究 [J]. 管理学报, 2014, 11 (7): 1038 – 1045.

[173] 邢成举, 李小云, 史凯. 巩固拓展脱贫攻坚成果: 目标导向、重点内容与实现路径 [J]. 西北农林科技大学学报（社会科学版）, 2021, 21 (5): 30 – 38.

[174] 徐高. "互联网金融"的经济学解读 [J]. 金融发展评论, 2014 (7): 11 – 16.

[175] 徐明棋. 论经济全球化的动力、效应与趋势 [J]. 社会科学, 2017 (7): 34 – 46.

[176] 徐明棋. 中国企业国际化经营面临的挑战与对策 [J]. 世界经济研究, 2003 (2): 4 – 9.

[177] 徐顽强. "数字政府"与政府管理体制的变革 [J]. 科技进步与对策, 2001 (11): 25 - 27.

[178] 徐细雄, 刘星. 放权改革、薪酬管制与企业高管腐败 [J]. 管理世界, 2013 (3): 119 - 132.

[179] 徐璇. 基于消费者角度的互联网金融风险评估研究 [J]. 北方经贸, 2017 (2): 123 - 124, 135.

[180] 许晖, 姚力瑞. 企业国际化进程中国际风险变化特征识别研究 [J]. 经济经纬, 2006 (6): 70 - 73.

[181] 许晖, 张娜, 冯永春. 事不关己, "不应"挂起: 外部弱相关事件与 B2B 企业品牌形象提升机理研究 [J]. 南开管理评论, 2019, 22 (6): 27 - 39.

[182] 许辉春. 共生理论下的旅游产业集群发展机理研究 [J]. 商业时代, 2012 (30): 125 - 126.

[183] 许旭. 我国数字经济发展的新动向、新模式与新路径 [J]. 中国经贸 导刊 (理论版), 2017 (29): 49 - 51.

[184] 薛佳奇, 王永贵. 前瞻型和反应型顾客导向对创新绩效的影响: 分销 网络特征的调节作用 [J]. 经济管理, 2013, 35 (12): 78 - 87.

[185] 薛伟贤, 党兴华. 网络环境下企业技术创新过程的特性分析 [J]. 研 究与发展管理, 2004 (6): 9 - 14, 23.

[186] 薛伟贤, 冯宗宪, 王健庆. 中国网络经济水平测度指标体系设计 [J]. 中国软科学, 2004 (8): 51 - 59.

[187] 薛晓芳, 霍宝锋, 许雯. IT 能力对联盟绩效的影响研究 [J]. 科研管 理, 2013, 34 (S1): 326 - 333.

[188] 薛紫臣. 流动性风险: 互联网金融发展中的隐忧 [J]. 人民论坛, 2016 (21): 89 - 91.

[189] 闫真宇. 关于当前互联网金融风险的若干思考 [J]. 浙江金融, 2013

（12）：40 – 42.

[190] 严志铭. 论永定客家土楼利用与保护间的共生关系 [J]. 龙岩师专学报，2002（4）：66 – 68.

[191] 阳国亮. 旅游投资的乘数效应与旅游扶贫 [J]. 学术论坛，2000（6）：83 – 85.

[192] 杨大鹏. 数字产业化的模式与路径研究：以浙江为例 [J]. 中共杭州市委党校学报，2019（5）：76 – 82.

[193] 杨国靖. 陇南山区生态旅游开发设计 [J]. 山地学报，2003（3）：381.

[194] 杨坚争，齐鹏程，王婷婷. "新零售" 背景下我国传统零售企业转型升级研究 [J]. 当代经济管理，2018，40（9）：24 – 31.

[195] 杨凯生. 防控网络金融风险 [J]. 资本市场，2013（12）：14 – 15.

[196] 杨群华. 我国互联网金融的特殊风险及防范研究 [J]. 金融科技时代，2013，21（7）：100 – 103.

[197] 杨涛. 影子银行：风险如影随形 [J]. 科技智囊，2013（10）：61 – 62.

[198] 杨小宁. "关键企业带动论"：中国企业走出去的现实选择 [J]. 南京社会科学，2001（5）：27 – 30.

[199] 姚国章，赵刚. 互联网金融及其风险研究 [J]. 南京邮电大学学报（自然科学版），2015，35（2）：8 – 21.

[200] 姚频. 抚仙湖地区开发环保主题会议旅游探析 [J]. 玉溪师范学院学报，2000（6）：46 – 48.

[201] 银马华，王群，杨兴柱，司新新. 区域旅游扶贫类型与模式研究：以大别山集中连片特困区 36 个县（市）为例 [J]. 经济地理，2018，38（4）：215 – 224.

[202] 尹莉，臧旭恒. ICT 产业融合中的集群变迁分析 [J]. 产业经济评论，2005，4（2）：102 – 115.

[203] 于爽. 大学生在线旅游决策行为特征研究 [J]. 四川职业技术学院学

报，2019，29（5）：45－50.

[204] 余江. 基于"互联网＋"的家电行业众筹模式发展研究 [J]. 普洱学院学报，2017，33（6）：35－36.

[205] 余伟萍，胡万华，刘云. 以信息为基础的企业竞争力策略分析 [J]. 经济体制改革，2002（6）：58－61.

[206] 俞立平. 工业化与信息化发展的优先度研究 [J]. 中国软科学，2011（5）：21－28.

[207] 袁纯清. 共生理论：兼论小型经济 [M]. 北京：经济科学出版社，1998.

[208] 袁义炜. 传统金融与互联网金融的风险传导机制分析与比较 [J]. 时代金融，2016（18）：53－54，57.

[209] 詹晓宁，欧阳永福. 数字经济下全球投资的新趋势与中国利用外资的新战略 [J]. 管理世界，2018，34（3）：78－86.

[210] 詹新宇，崔培培. 中央对地方转移支付的经济增长质量效应研究：基于省际面板数据的系统 GMM 估计 [J]. 经济学家，2016（12）：12－19.

[211] 张红历，周勤，王成璋. 信息技术、网络效应与区域经济增长：基于空间视角的实证分析 [J]. 中国软科学，2010（10）：112－123，179.

[212] 张立晴，范玉顺. 网格技术及其在制造领域的应用 [J]. 航空制造技术，2003（2）：32－37.

[213] 张宁生. 如何打造生态文化旅游名城：四川省都江堰市大力实施经营城市战略的实践 [J]. 红旗文稿，2004（9）：40－41.

[214] 张琦，万君. "十四五"期间中国巩固拓展脱贫攻坚成果推进策略 [J]. 农业经济问题，2022（6）：23－34.

[215] 张森，温军，刘红. 数字经济创新探究：一个综合视角 [J]. 经济学家，2020（2）：80－87.

[216] 张爽，张阳．知识型企业员工的知识创新能力模糊评价体系［J］．统计与决策，2006（20）：160–162．

[217] 张涛．ASP 技术建立网络综合信息发布系统［J］．电脑编程技巧与维护，2010（1）：13–18．

[218] 张晓，李春晓，杨德进．民族地区旅游扶贫多主体参与模式探析：以四川省马边彝族自治县为例［J］．地域研究与开发，2018，37（2）：99–103．

[219] 张晓朴．互联网金融监管的原则：探索新金融监管范式［J］．金融监管研究，2014（2）：6–17．

[220] 张亚菲．英国〈数字经济法案〉综述［J］．网络法律评论，2013（1）：232–242．

[221] 张轶龙，崔强．中国工业化与信息化融合评价研究［J］．科研管理，2013，34（4）：43–49．

[222] 张于喆．数字经济驱动产业结构向中高端迈进的发展思路与主要任务［J］．经济纵横，2018（9）：85–91．

[223] 赵昌文．新兴产业发展应关注两大重点［J］．中国工业评论，2017（4）：12–17．

[224] 赵付春，周佳雯．互联网环境下 IT 资源和能力的绩效影响研究［J］．科技管理研究，2016，36（5）：161–165．

[225] 赵西三．数字经济驱动中国制造转型升级研究［J］．中州学刊，2017（12）：36–41．

[226] 赵霞，高云虹，李申宇．互联网情境下的非均衡增长：一个文献综述［J］．兰州财经大学学报，2017，33（4）：58–68．

[227] 赵小芸．旅游投资在西部旅游扶贫中的效用分析［J］．旅游学刊，2004（1）：16–20．

[228] 赵星．数字经济发展现状与发展趋势分析［J］．四川行政学院学报，

2016（4）：85－88.

[229] 赵振.“互联网＋”跨界经营：创造性破坏视角 ［J］. 中国工业经济，2015（10）：146－160.

[230] 郑联盛. 中国互联网金融：模式、影响、本质与风险 ［J］. 国际经济评论，2014（5）：103－118，6.

[231] 郑英隆，李新家. 新型消费的经济理论问题研究：基于消费互联网与产业互联网对接视角 ［J］. 广东财经大学学报，2022，37（2）：4－14.

[232] 郑永年. 相互依存状态下的中国国际环境 ［J］. 科学决策，2007（11）：12.

[233] 支燕，白雪洁，王蕾蕾. 我国“两化融合”的产业差异及动态演进特征：基于2000—2007年投入产出表的实证 ［J］. 科研管理，2012，33（1）：90－95，119.

[234] 钟昌标. 对外贸易扩张与企业空间行为变化规律研究——兼论我国企业走出去战略 ［J］. 财贸经济，2001（11）：49－53.

[235] 钟俊. 共生：旅游发展的新思路 ［J］. 重庆师专学报，2001（3）：17－19.

[236] 周豪. 我国互联网金融风险的成因及其防范机制初探 ［J］. 金融经济，2016（24）：45－47.

[237] 周慧玲，许春晓. 红色旅游企业共生图谱及其形成机理研究 ［J］. 湖南大学学报（社会科学版），2015，29（1）：81－85.

[238] 周锦. 数字文化产业赋能乡村振兴战略的机理和路径 ［J］. 农村经济，2021（11）：10－16.

[239] 周驷华，万国华. 信息技术能力对供应链绩效的影响：基于信息整合的视角 ［J］. 系统管理学报，2016，25（1）：90－102.

[240] 周伍阳. 生态振兴：民族地区巩固拓展脱贫攻坚成果的绿色路径 ［J］. 云南民族大学学报（哲学社会科学版），2021，38（5）：72－77.

［241］周歆红. 关注旅游扶贫的核心问题 ［J］. 旅游学刊, 2002 (1)：17 – 21.

［242］周宇. 互联网金融：一场划时代的金融变革 ［J］. 探索与争鸣, 2013 (9)：67 – 71.

［243］朱晶晶, 陆林, 杨效忠, 操文斌. 海岛型旅游地旅游空间结构演化机理分析：以浙江省舟山群岛为例 ［J］. 人文地理, 2007 (1)：34 – 39.

［244］朱良杰, 何佳讯, 黄海洋. 数字世界的价值共创：构念、主题与研究展望 ［J］. 经济管理, 2017, 39 (1)：195 – 208.

［245］竺彩华. 海外投资：国家战略意识与企业行为准则 ［J］. 国际经济合作, 2008 (6)：9 – 13.

［246］左停, 李颖, 李世雄. 巩固拓展脱贫攻坚成果的机制与路径分析：基于全国 117 个案例的文本研究 ［J］. 华中农业大学学报 (社会科学版), 2021 (2)：4 – 12, 174.

［247］Agenor P R. Benefits and Costs of International Financial Integration：Theory and Facts ［R］. Washington, D. C. ：World Bank, 2011.

［248］Arino A, De la Torre J. Learning from Failure：Towards an Evolutionary Model of Collaborative Ventures ［J］. Organization Science, 1998, 9 (3)：306 – 325.

［249］Baumard P. An Asymmetric Perspective on Coopetitive Strategies ［J］. International Journal of Entrepreneurship & Small Business, 2017, 8 (1)：6 – 22.

［250］Burt R S. Secondhand Brokerage：Evidence on the Importance of Local Structure for Managers, Bankers, and Analysts ［J］. Academy of Management Journal, 2007, 50 (1)：119 – 148.

［251］Carlsson B. The Digital Economy：What Is New and What Is Not ［J］. Structural Change and Economic Dynamics, 2004, 15 (3)：245 – 264.

［252］Choi C, Yi M H. The Effect of the Internet on Economic Growth：Evidence from Cross-country Panel Data ［J］. Economics Letters，2009，105（1）：39－41.

［253］ Dan Y，Hang C C. A Reflective Review of Disruptive Innovation Theory ［J］. International Journal of Management Reviews，2010，12（4）：435－452.

［254］ Dekker D. Measures of Simmelian Tie Strength，Simmelian Brokerage，and Simmelianly Brokered ［J］. Journal of Social Structure，2006，7（1）：1－22.

［255］ Gerhan D，Mutula S. Testing a Recent Model of ICT in Development：Botswana and Its University ［J］. Information Technology for Development，2007，13（2）：177－197.

［256］ Goodhart C，Hartmann P，Llewellyn D T，Rojas-Suarez L，Weisbrod S. Financial Regulation：Why，How and Where Now?［M］. London：Routledge，1998.

［257］ Grimsley M，Meehan A. E-Government Information Systems：Evaluation-led Design for Public Value and Client Trust ［J］. European Journal of Information Systems，2007，16（2）：134－165.

［258］ Isaksson A. The Importance of Informal Finance in Kenya Manufacturing ［J］. SIN Working Paper Series，2002（5）：221－246.

［259］ Ivus O，Boland M. The Employment and Wage Impact of Broadband Deployment in Canada ［J］. Canadian Journal of Economics，2015，48（5）：1803－1830.

［260］ Jim C Y，Xu S W. Stifled Stakeholders and Subdued Participation：Interpreting Local Responses Toward Shimentai Nature Reserve in South China.［J］. Environmental management，2002，30（3）.

［261］ Jorgenson D W，Vu K M. The ICT Revolution，World Economic Growth， and the Policy Issues [J]. Telecommunications Policy, 2016, 11 (40): 383 – 397.

[262] Kim D J, Song Y I, Braynov S B, et al. A Multidimensional and Content Analyses of Academia Practitioner Perspectives [J]. Decision Support Systems, 2005.

[263] Krackhardt D, Martin K. Structure, Culture and Simmelian Ties in Entrepreneurial Firms [J]. Social Networks, 2002, 24 (3): 279 – 290.

[264] Lee J, McCullough J, Town R J. The Impact of Health Information Technology on Hospital Productivity [J]. The Rand Journal of Economics, 2013, 44 (3): 545 – 568.

[265] Li S X, Greenwood R. The Effect of Within-industry Diversification on Firm Performance Synergy Creation, Multi-market Contact and Market Structuration [J]. Strategic Management Journal, 2004 (25): 12 – 13.

[266] Marco T, Krackhardt D. Activating Cross-boundary Knowledge: The Role of Simmelian Ties in the Generation of Innovations [J]. Academy of Management Journal, 2010, 53 (1): 167 – 181.

[267] Meijers H. Does the Internet Generate Economic Growth, International Trade, or Both? [J]. International Economics & Economic Policy, 2014, 11 (1 – 2): 137 – 163.

[268] Moulton B R. The System of National Accounts for the New Economy: What Should Change? [J]. Review of Income & Wealth, 2010, 50 (2): 261 – 278.

[269] Negroponte N. Being Digital [M]. New York: Knopf, 1999.

[270] Nicholson P T, Mills S. Soldier Tourism in First World War Egypt and Palestine: The Evidence of Photography [J]. Journal of Tourism History, 2017, 9 (2 – 3).

[271] Obstfeld D. Social Networks, The Tertius Iungens Orientation, and Involvement in Innovation [J]. Administrative Science Quarterly, 2005, 50 (1): 100 – 130.

[272] Oline R S D, Sichel D E. The Resurgence of Growth in the Late 1990s: Is Information Technology the Story [J]. Journal of Economic Perspectives, 2000, 14 (4): 3 – 22.

[273] Park B J, Srivastava M K, Gnyawali D R. Impact of Coopetition in the Alliance Portfolio and Coopetition Experience on Firm Innovation [J]. Technology Analysis & Strategic Management, 2014, 26 (8): 893 – 907.

[274] Peltokorpi V, Yamao S. Corporate Language Proficiency in Reverse Knowledge transfer: A Moderated Mediation Model of Shared Vision and Communication Frequency [J]. Journal of World Business, 2017, 52 (3): 404 – 416.

[275] Perez C. Technological Revolutions and Financial Capital [M]. Edward Elgar Publishing, 2003.

[276] Stringer P F, Pearce P L. Toward a Symbiosis of Social Psychology and Tourism Studies [J]. Annals of Tourism Research, 1984 (1): 5 – 17.

[277] Porter M. The Competitive Advantage of Nations [M]. New York: Free Press, 1990: 45 – 47.

[278] Robb A, Robinson D T. The Capital Structure Decisions of New Firms [J]. Review of Financial Studies, 2012: 373 – 401.

[279] Schreiner M. Informal Finance and the Design of Microfinance [J]. Development in Practice, 2000 (5): 192 – 213.

[280] Steel W F, et al. Informal Financial Market Under Liberalization in Four African Countries [J]. World Development, 1997 (25): 158 – 162.

[281] Stone M, Wall G. Ecotourism and Community Development: Case Studies

from Hainan, China. [J]. Environmental Management, 2004, 33 (1).

[282] Sutherland E. Trends in Regulating the Global Digital Economy [EB/OL]. https://ssrn.com/abstract: 3216772.

[283] Tapscott D. The Digital Economy: Promise and Peril in the Age of Networked Intelligencd [M]. New York: McGraw-Hill, 1996.

[284] Teo T S H. Understanding the Digital Economy: Data, Tools, and research [J]. Asia Pacific Journal of Management, 2001, 18 (4): 553 – 555.

[285] The World Bank. Agriculture Credit: Sector Policy Paper [M]. Washington D. C. : The World Bank, 1997.

[286] Thompson H, Garbacz C. Mobile, Fixed Line and Internet Service Effects on Global Productive Efficiency [J]. Information Economics and Policy, 2007, 19 (2): 189 – 214.

[287] Verstein A. The Misregulation of Person-to-Person Lending [J]. U. C. Davis Law Review, 2011, 45 (2).

[288] Westerman G, Bonnet D. Revamping Your Business Through Digital Transformation [J]. MIT Sloan Management Review, 2015, 56 (3): 10 – 13.

[289] Xu X, Li Y P, Li Y Q. Ski Tourism Experience and Market Segmentation from the Perspective of Perceived Value: A Case Study on Chongli District of Zhangjiakou [J]. Journal of Resources and Ecology, 2022, 13 (4).

[290] Zhang H Q, Chong K, Ap J. An Analysis of Tourism Policy Development in Modern China [J]. Tourism Management, 1999, 20 (4): 471 – 485.